北京市教育科学"十四五"规划2021年度重点课题
"基于真实问题情境的高中化学线上线下混合式学习方式的比较研究"
（项目编号：CDAA21056）研究成果

铸魂

北京四中"红色游学"
德育课程的设计和实施

叶长军　肖　勇　肖振龙◎主编
张文胜　高　杰◎副主编

中国言实出版社

图书在版编目(CIP)数据

铸魂：北京四中"红色游学"德育课程的设计和实施 / 叶长军，肖勇，肖振龙主编. -- 北京：中国言实出版社，2024.5

ISBN 978-7-5171-4772-5

Ⅰ.①铸… Ⅱ.①叶… ②肖… ③肖… Ⅲ.①作文—高中—选集 Ⅳ.①H194.5

中国国家版本馆CIP数据核字（2024）第057674号

铸魂——北京四中"红色游学"德育课程的设计和实施

责任编辑：王建玲
责任校对：史会美

出版发行：中国言实出版社
　　　　　地　　址：北京市朝阳区北苑路180号加利大厦5号楼105室
　　　　　邮　　编：100101
　　　　　编辑部：北京市海淀区花园路6号院B座6层
　　　　　邮　　编：100088
　　　　　电　　话：010-64924853（总编室）　010-64924716（发行部）
　　　　　网　　址：www.zgyscbs.cn　　电子邮箱：zgyscbs@263.net

经　　销：新华书店
印　　刷：北京温林源印刷有限公司
版　　次：2024年5月第1版　　2024年5月第1次印刷
规　　格：880毫米×1230毫米　　1/32　　8.375印张
字　　数：155千字

定　　价：56.00元
书　　号：ISBN 978-7-5171-4772-5

本书编委会

主　　编：叶长军　肖　勇　肖振龙

副主编：张文胜　高　杰

编　　委：（以下按姓氏笔画排序）

王　凯　王楚达　孙小婷　杜文婷

李　伟　杨希子　张祯祺　陈　伟

苗金利　周　康　皇甫力超　袁海萍

高　露　路季滨　霍　莹

序　言

　　北京四中注重党组织对学生德育工作的全面领导，以校本德育课程建设为抓手，依托"支部建在年级上"党建带团建的工作优势，鼓励教师党支部在所在年级开发建设党建德育课程，依托全校"大思政"课程框架建设，逐步建设"红色经典课程、蓝色创新课程、绿色成长课程"，不断探索"立德树人"的有效途径。

　　2023 届学生在高一期间正值中国共产党建党 100 周年，这一年也是国家第一个百年目标的实现之年，在这样重要的历史节点四中人拿出行动、表明态度，以"青春向党，奋斗强国"为主题，以"铸魂"为目标有序推进德育系列活动。2021 年"五四"青年节前后，系列活动有序开展：高一年级的师生一起在"致敬红色经典——连环画中的百年党史主题展览"中对党史基础知识"学了起来"；在"红五月"合唱比赛中把红歌"唱了起来"，用歌声点燃了青春接续奋斗的热情，用歌声唱出了我们对国家、对党的忠诚与热爱；2021 年 5月中旬，高一年级的师生整装出发，踏上以"青春向党，奋斗强国"为主题的红色征程，近 500 名师生一路寻"井冈星火"，访"赤水回波"，踏"漫漫丝路"，追"延安光芒"，重温"星星之火"为何可以"燎原","遵义会议"如何力挽狂澜……革命先辈的光辉足迹，深深地震撼了同学。从1934年10月开始的二万五千里长征，纵横十一个省份、攻占七百多座县城，进行了三百余次战斗，突破敌人的重重包围，两夺金沙江，强渡大渡河，飞夺泸定桥，爬雪山，过草地，穿越荒无人烟的地区，建立陕甘宁革命根据地，革命先辈们开创了中国革命的新天地，创造了人类历史的伟大奇迹。四中的师生以历史节点上的地点、人物和事件为线索去学习、去探索这一伟大历史事件带给中国的希望和变化，去感受共产党人豪情万丈的精神史诗。

"长征是历史纪录上的第一次，长征是宣言书，长征是宣传队，长征是播种机。"北京四中2023届高一年级师生在此次重走"长征"的路上也留下了属于"四中人"的独特风景。

"为党育人，为国育才"是四中教育者神圣的使命，"家国天下的情怀，舍我其谁的担当"是四中学子永远的责任。重走长征路，"四中人"不虚此行！我们希望通过北京四中"红色游学"这一"铸魂"的德育课程的设计和实施，让更多的学生真正走进这个百年恰是风华正茂的大党，认真了解和学习其精神要义，不能忘记来时的路，继续走好前行之路。愿我们青春向党，奋斗为国，愿四中学子在属于他们这一代的长征路上接续奋斗，砥砺前行！

北京四中党委书记　王红

2024年2月29日

目 录

第一章　江西线：井冈星火——星星之火　可以燎原

第二章　贵州线：遵义转折——遵义转折　力挽狂澜

第三章　甘肃线：丝路漫漫——漫长征程　上下求索

第四章　陕西线：延安光芒——延安精神　大放光芒

后　记

第一章 江西线：井冈星火

——星星之火 可以燎原

一、每日行程

日期	地点	课程内容	活动项目及目的
第一天 6月 5日	北京 ︱ 井冈山 （火车）	全天	参考车次：北京—井冈山 D733 18：35—9：50 （行驶约 15 小时 15 分） 活动目的： 充分利用车程时间，通过预习《游学读本》 设置行前课题，分配活动小组等任务，养成 "游学期间"学习习惯，做到带着问题去游学 预习内容：《游学读本》
		乘火车前往井 冈山	
		用餐：××× 住宿：×××	
第二天 6月 6日	井冈山	上午	课程：革命摇篮受洗礼，初心不忘永向党 活动目的： 1. 正值建党 100 周年，在烈士陵园缅怀老一 辈无产阶级革命家，回忆他们在井冈山革命 根据地的丰功伟绩，同时开展爱国主义教育， 缅怀先烈的同时坚定信仰 2. 参观黄洋界，了解黄洋界保卫战，抒发对 井冈山将士坚守根据地的英勇斗争精神的 感悟 预习内容：书籍《毛泽东与井冈山》、歌曲 《井冈山上太阳红》《三大纪律八项注意》等 相关人物：毛泽东、朱德等
		抵达井冈山， 参观北山烈士 陵园（祭奠活 动）	
		下午	
		参观黄洋界	
		用餐：××× 住宿：井冈山	
第三天 6月 7日	井冈山 ︱ 南昌 （汽车）	上午	课程：大井小井寻旧踪，井冈山精神永相传 活动目的： 1. 参观大井毛泽东、朱德旧居，聆听革命历 程，了解何长工的传奇一生及其高贵品格 2. 参观小井红军医院旧址、小井烈士墓，聆 听讲解员真情讲述，回顾官兵及群众就地取 材、自力更生，为革命打下的坚实基础。了 解红军战士顽强的革命意志和英勇不屈的革 命精神 3. 通过参观井冈山革命博物馆珍贵文物，聆 听井冈山革命斗争史，学习井冈山精神，深 刻感受革命胜利的来之不易。坚定爱国信念， 厚植爱国情怀 预习内容：文章《朱德的扁担》、诗词《水调 歌头·重上井冈山》《西江月·井冈山》等 相关人物：毛泽东、朱德、曾志、何长工、 王佐、袁文才等
		参观大井旧居 （徒步活动）、 小井红军医院 旧址、小井烈 士墓	
		下午	
		参观井冈山革 命博物馆，后 乘车前往南昌	
		用餐：××× 住宿：南昌	

续表

日期	地点	课程内容	活动项目及目的
第四天 6月 8日	南昌 │ 庐山 （汽车）	上午	课程：体验江西文化，感受历史沧桑 活动目的： 1. 走进八一南昌纪念馆，追寻红色记忆。重温革命先烈抛头颅洒热血的光辉事迹，让爱国主义情怀激荡青春力量 2. 登滕王阁，一览古诗词中描述的宏观与壮丽，伴随琅琅书声，感受"落霞与孤鹜齐飞，秋水共长天一色"的绝美景色 3. 深入南昌汉代海昏侯国遗址博物馆，见证海昏侯一生的跌宕起伏。探寻千年历史文化遗存，还原古代南昌盛景，欣赏精美文物展示，体会考古工作者的艰辛 预习内容：纪录片《海昏侯》、诗词《滕王阁序》、影视作品《建军大业》等 相关人物：刘贺、王勃、朱德、周恩来、叶挺等
		参观八一南昌纪念馆、滕王阁	
		下午	
		参观南昌汉代海昏侯国遗址博物馆，乘车前往庐山	
		用餐：××× 住宿：庐山	
第五天 6月 9日	庐山 │ 南昌 （汽车）	全天	课程：匡庐奇秀甲天下 活动目的： 从自然、地质、历史、人文等多方面了解庐山。观赏飞珠溅玉的三叠泉瀑布、雄伟奇险的五老峰、花团锦簇的锦绣谷、蓊郁成林的仙人洞，感叹大自然的鬼斧神工，学习相关地理知识。走进美庐建筑群，探究人与自然的和谐共处，重温历史名人的峥嵘岁月 预习内容：诗词《望庐山瀑布》《题西林壁》《大林寺桃花》 相关人物：朱熹、陶渊明、黄庭坚、毛泽东、蒋介石等
		参观庐山	
		用餐：××× 住宿：庐山	
第六天 6月 10日	庐山 │ 北京 （火车）	全天	参考车次：庐山—北京 G488 11：34—17：06（行驶约5小时17分）
		乘火车返回北京	
		用餐：××× 住宿：×××	

二、且行且思

登庐山记

高一（1）班 宋梓安

终于能和这位不知在语文书里见过多少面的老朋友——庐山，真正的相聚了。

庐山很热情，我们到时已是傍晚，却仍然和她的热浪撞了个满怀，天上半阴半晴，山上云烟缭绕，秀丽的山腰看不真切，山脚的灯火明灭可见。入住酒店后，花洒中缓缓流出的温泉水，冲散了一天的车马劳顿，不禁觉得庐山如同一位热情洋溢却略带娇羞的少女，穿着半透的薄纱，笑着迎接我们的到来。

第二天一早，我们便迫不及待地投进庐山的怀抱中。庐山真是险啊，一辆辆大巴车左兜右转几个弯后，便消失在了一片苍翠之中，坐在车上的人也不知自己身在何方，眼前只有看不完的松树和竹林，唯有车轮下蜿蜒曲折的通幽小路，才能让他们感觉到自己的存在，"不识庐山真面目，只缘身在此山中"说的正是此般。不过庐山也很奇，一个峰回路转，一摊湖水突然出现，近处的波澜在太阳的照耀下闪得让人睁不开眼，远处紧贴瀑布的长桥如同一条白龙，横卧在水天一色之间。一个柳暗花明，一座小镇缓缓展开，青山绿水间，白砖红瓦分外明显，市井商贩中，鲜花芳草格外妖娆。有人说，这里是陶渊明心心念念的世外桃源，也有人说，这里是最后的香格里拉，不过我觉得，这里是道教的参悟之地：天地山水，人与自然，相生相克，归于宇宙。中国古人的思想和向往，在这里得到了淋漓尽致的诠释。

如果你认为目前的景色已经让你叹为观止，那么请继续走吧，我的朋友，要用汗水和脚印，去一睹三叠泉的芳容。天空阴沉，潮湿闷热，我们乘坐太白号列车前往三叠泉的主峰，一如当年的李白，去看那飞流直下三千尺的银河。下了列车，还有一千五百多级台阶组成的天堑等候着我们，深吸口气，唱着江西的号子，一步步地走下幽深的山谷。谷壁在太阳的照耀下五色交辉，山间的劲柏逆着山势向上生长，耳旁的虫鸣是下山途中最好的伴乐，远方的云霭是山巅绝妙的背景。然而，近处的光景却大煞风景，皮肤黝黑瘦骨嶙峋的脚夫，挑着满面油光大腹便便的贵人，走在那一眼望不到头的山路上，血汗钱里带着资本的恶臭，登山的意义荡然无存。

未到山底，三叠泉的水雾便夹杂在阵阵清风中，轻柔地抚摸着满是汗水的脸颊。循着阵阵水声，看到一叠泉水从山顶飞流而下，激起阵阵白雾，此时正逢天公作美，缕缕金光从云缝间直穿而下，打在水雾上，犹如万千金粉洒落人间；一叠泉水从嶙峋怪石间喷涌而出，在湖上泛起青白色的浪花，引得湖水波光粼粼，如同破碎的水银镜；另一叠泉水从蜿蜒的山谷中缓缓流出，无声无息地注入湖水之中，好似透明的小蛇，近听可闻水声潺潺。湖水清澈见底，凉爽清冽，如同柳宗元说的那样，"潭中鱼可百许头，皆若空游无所依"，只可惜少了几条动人可爱的鲤鱼。但是，依旧是人类毁了这片美景。一些人交付重金，划着粗糙的皮艇，在湖水间嬉戏游荡。他们自以为看到了最美的景色，殊不知真正的美景是需要安静地站在岸上，看着水落水涨，听着水声交响。

然而，终于还是到了要分别的时刻。我们沿着下山的栈道走到山脚，三叠泉的泉水似乎很不舍，一直伴随在我们左右，流向那烟波浩渺的鄱阳湖。一路上，我一直在想，那些用金钱和科技来参观自然的人真的看到自然了吗？后来我明白了，他们是无法感受自然的，那些苍翠的古树，清澈的溪流，险峻的山谷无非是他们挣钱的工具和炫耀的资本罢了，至于克服万重险阻到达顶峰时俯瞰天下的喜悦他们也是感受不到的，没有滴落的汗水和坚毅的步伐，登山与坐着电梯到摩天大厦最高层拍照没有什么两样。正因如此，我很感谢庐山和她纯朴的子民，有了庐山，我才能享受自然的雄奇瑰丽；有了庐山人民，我们的后辈才能享受自然的雄奇瑰丽。

第二天走时，牛奶般的云雾已经给庐山蒙上了一层密不透风的白纱，昨天竟是我与她的最后一面，那么，就此别过吧，庐山，也许若干年后，你我还会再次相逢。

江西·英雄·悲歌

高一（1）班　曹天一

坐在回程的列车上，我回想着这次旅行的点点滴滴。一段段回忆就像一幕幕电影，在我脑中闪过，有汗水，有欢笑，还有悲痛。时间定格在 1930 年，黄洋界一度陷入战火，一发关键的迫击炮，奠定了以少胜多的奇迹局势。

三发炮弹最后只有一发不是哑弹。这都是因为当时的中国技术落后，造不出先进的武器，只能拿着大刀长矛与敌军的先进武器对抗。

时间的车轮来到 21 世纪，朱日和阅兵，各种先进武器琳琅满目。洲际导弹、防空雷达、全自动步枪，无一不体现着如今中国的强大。南海阅兵，中国海军展示着它的强大实力，辽宁号航母、兼容性导弹井，每一件高精尖武器都是中国力量的体现。

坐在回程的列车上，我回想起这几天在井冈山的游学之旅。重走红军路，亲身体会当年革命者经历的艰难险阻，穿着红军服，小心踏过昔日朱德常走的挑粮小道儿，陡峭狭隘，稍不留心就会蹭到湿漉漉的青苔，短短几百米的距离，我们却步履维艰，煎熬难挨，最后得知这仅仅是朱德走过的六十分之一，敬佩之情不禁油然而生。"高路入云端，过了黄洋界，险处不须看。"站在巍峨壮阔的顶峰，俯瞰着山间朦胧的云海翻腾。

登上八角楼，走进毛泽东昔日的起居室，桌上放着生锈的铜灯，想象着他曾坐在这儿，怀着雄心壮志，提笔点江山，挥毫定天下，写出洋洋洒洒的《井冈山的斗争》《中国的红色政权为什么能够存在》等革命著作，开创了农村包围城市、武装夺取政权的独特的中国式革命道路，带领苦难中的国家一步步艰难前进。

让我印象最深刻的是北山烈士陵园。我们怀着沉重肃穆的心情，排着整齐的队列，为他们敬献花圈，鞠躬默哀，沉痛悼念。他们宁死不屈，始终坚持着革命信仰，为人民的幸福生活而不懈奋斗，甚至不惜失去宝贵的生命，抛头颅，洒热血，如今脚下这片安宁祥和的土地，曾经见证着红军战士血流成河的前仆后继，他们用鲜活的灵魂，换来安定社会的和谐美好。

下午我们去参观了小井红军医院，张子清师长的故事犹在耳边，他将为数不多用来消毒的盐小心保存，让给其他伤员使用，却无暇顾及自己越发严重的伤势。截肢的时候，他以顽强的生命力，咬牙忍过手术的痛苦，就算是最后被叛徒出卖，他也没有苟且偷生，而是英勇就义，用生命诠释着英雄的含义，震撼了在场的所有人。在曾志奶奶的墓前脱帽鞠躬，想起她的后代蔡军曾讲过的故事，她那为革命牺牲个人利益，并心甘情愿为之付出青春的形象，在我心中慢慢清晰起来，我与先烈们的距离似乎更进了一步。

21 世纪是和平的年代，并不需要我们披挂上阵，征战沙场，可"一腔热血勤珍重，洒去犹能化碧涛"的精诚忠正，却深深地刻在我们的骨子里，血脉相承。我们要做的，是铭记历史，振兴中华，面对重重困境，披荆斩棘，永远坚强而勇敢。

一路向南

高一（1）班　衡立鑫

南昌的繁华告一段落，寻着绿水青山的踪迹，我们到达了此次南行的最后一站——庐山。

一城藏匿一丛山。数着通向庐山山顶的盘山公路有几道弯，看着远方的城市隐没在翠绿的浪花中，硕大的鄱阳湖也跟着若隐若现。我们来到了庐山。顺着白居易的隐秘花径，一步步向着高耸的险峰行进。看老松常谈，遥望行进的客人；听仙人洞内滴落的泉水，顺手摸向那山间流出的汩汩清泉，迎面吹来寂寥的白雾，这一些都是那么的让人心醉。再往下，三千级台阶横卧山腰，兜兜转转，来回奔逃。我们脚踏陡峭的石阶，感受时间的婆娑带来的无休止坑洼。向着山下进发，目的地是隐没在庐山之中的三叠泉瀑布。每人都想与那"飞流直下三千尺"的银波比拼时速，手扶着时而原木时而青石的栏杆，脚跟贴紧上一级的台阶，摩擦声清晰入耳，全身不自觉地上下抖动着，奋力地狂奔。

　　等到水流的声音渐渐清晰，我们已来到瀑布之下，只见陡崖如纸张般层层叠叠，水花不知从哪个缝隙就飞流而下。清凉的水汽扑面，汹涌的波涛，一汩一汩地奔腾。让人不禁感慨这大自然的神奇。

　　江西的这段旅途，我们往返于山间与博物馆，看大自然的鬼斧神工，赐予天地以瑰丽和雄伟；看文明在历史的长河中传承，抑或是消散，思考其给我们送来的是璀璨还是遗憾？在一座座城市间奔走，我们仿佛顺着时间的年轮，来回摇摆不定。有时，见证的是百年前的衰败，在衰败之中醒悟，在衰败之中蹒跚；有时，见证的是几十年来发展的辉煌，看灯火将遥远的星光点亮，看科技将这时代装扮；有时，听见来自祖先千年前的召唤，在权力的殿堂举起皇冠，在暗无天日的棺椁中流露不甘；有时，那是不可描述的时间跨度，看那铿锵有力的文字润进石壁三寸，欣赏那夸张的诗词将你比作这天地间的最为出彩……

　　第一天来到井冈山，最深刻的印象是千姿百态的铜像到处都是：有的是伟大的领袖，目光深远地望向远方；有的是英勇牺牲的烈士，展现其生命的最后时刻；更有连姓名都不曾留下，只有那手中紧握的枪，那张大的嘴巴放声呐喊……
那是我们第一次上山，高大的青松遮天蔽日，松软的泥土孕
育着生命的气息……之后的红军路，碎石乱布，一边是高
山，一边就是悬崖。想当年无数的革命烈士就是在这样艰苦
的条件下一边生存，一边抵抗着敌军的侵袭。他们用凡人的
身躯筑起民族觉醒的阶梯；用生命建立保卫国家的万里长城。
如今，那厚重的史书已将他们的事迹铭记，并用沉重的文字
告诫后人，今日的美好生活来之不易。我们在献给烈士们的
花圈前默哀静立，希望那些在此长眠的英雄们可以听到这个
世界的强音，可以知晓他们在几十年前守护过的那个赢弱的
国家，如今已经站在了世界前列……

在南昌，我们从八一起义开始往前追溯。追忆唐朝的诗
文辞藻，回想汉朝的规章制度。那些往日的风流人物已经消
散，只有那金，那玉，那诗，那词，经过时间的打磨，最终
出现在聚光灯下。千年过去了，那些曾经鲜活的人物，已经
沦为了史书中寥寥无几的记述，甚至不如历史中某一件珍宝
的介绍。这个世界不会记下每一个人的一切，重点是你为这
个世界留下了什么……人固有一死，或轻如鸿毛，或重于泰
山，这真的值得我们用一生去思考……

坐在北上的火车上，看身边的景色转瞬而逝，只在窗户
上留下一道道残影。我们有时不得不承认这个时代的发展之
快，有时也难免会遗忘一些旧的事物。但这几日的景色、人
物已在我的心中留下深深的烙印。说什么岁月静好，如果不

是这些为国家安定奠基的英雄，我们何以安稳地在此看着太阳起起落落；如果不是那些文人雅士用尽一生的苦读与才思，我们的生活何以精彩纷呈……

忆江南

高一（1）班　邵海桐

江南好，风景旧曾谙。日出江花红胜火，春来江水绿如蓝。能不忆江南？

人人尽说江南好，游人只合江南老。春水碧于天，画船听雨眠。

——题记

盼望着，盼望着，游学的脚步近了。一切都按照计划中的样子，欣欣然走来了。眼亮起来了，心跃动起来了，时间的脚步飞起来了。

夏天的炎热为我们的旅途写下第一个音符，翻滚而来的"乐章"为我们的旅途增添了别样的艰辛。

曲曲折折的山路上，一条小路蜿蜒地潜伏在两旁茂密的树林里，从旁经过的小溪潺潺地流淌着，本来干硬的泥土被清凉的溪水浸透了心脾，放下了戒备，和小溪共舞。玩忽职守的泥土将红军路变得泥泞不堪，这也让我们更加贴近万千革命前辈所走过的真实的路况。丛生的竹子和小树交织在一起，横生的枝节像是几十年来一直守护着这片土地的卫士。

"山因革命而高，地以人杰而大。"重走红军路，体会革命前辈的艰难与困苦。他们所经历的，是我们这代人无法想象的。看现在我们生活的时代，没有硝烟、没有战火；看现在我们生活的时代，祖国繁荣富强、环境优越；看现在我们生活的时代，人民生活富足、安居乐业……这所有的一切，是由先烈们的血水和泪水铸成的，没有昔日烈士们的浴血奋战，就没有我们今日的美好生活！和平的生活环境为我们提供了良好的学习机会，我们应该认真学习，不辜负祖国对我们的期望！我们不仅要珍惜现在的生活，更要牢记历史，不忘过去的那些艰辛岁月。

"怀帝阍而不见，奉宣室以何年？"

仕途不顺的他前往交趾探望父亲，一路上风餐露宿。当张灯结彩的滕王阁映入眼帘时，他将他的愁苦，他的愤懑，他的怀才不遇，连同那满腹的经纶，一并糅入了《滕王阁序》。"关山难越，谁悲失路之人"里，饱含了他多少心酸；"潦水尽而寒潭清，烟光凝而暮山紫"里又有多少南昌的青山秀水。我读着吟着，深深地爱惜着，那篇华美的《滕王阁序》，道尽了南昌故郡里的美景，诉尽了王勃心中的抑郁，扬名了滕王阁，照耀了多少代的文坛！

短短的几天，红军路的艰难险阻，滕王阁的文化积淀，海昏侯的富丽堂皇……我们在不同的地方切身感受着中华几千年来的精神传承和时境变迁。亲自走过一道道弯，跨过一级级台阶，用脚步丈量祖国的大好河山。这来之不易的和平年代是无数先辈用鲜血和生命换来的，作为当代的中国少年，我们不能忘记前辈们艰苦卓绝的斗争。少年强则国强。我们要以此为动力，奋发图强，更加精益求精地学习，不怕吃苦，抱着"为中华之崛起而读书"的信念，德智体美劳全面发展，唯有如此，才能担负起建设祖国的重任！

江南的山，万壑千岩，连一川又一川；江南的河，星奔川骛，结一湾又一湾，使人留恋非常……

江南好，风景旧曾谙。日出江花红胜火，春来江水绿如蓝。能不忆江南？

江南忆，最忆是九江；庐山云中寻垂水，三叠泉旁望险峰。他日再登层。

江南，诞生了一位又一位英雄人物，流传着一个又一个流芳千古的爱国故事……一千七百公里，十六个小时，火车上辗转反侧，硬卧中扶枕难眠。江南，你让我魂牵梦萦。不知下次相见是何时，不知下次相见在何地，不知下次相见伴何人……无法和时间做好约定，只希望"江南"二字能够永驻在我的心间。

忆江西

高一（1）班　王梓萱

一、出发

初夏微热，阳光温暖，踏着夕阳，向南而行。

你好，江西。这应该是我第二次来到你的疆界，星火燎原，红色起始。登上前往你的火车，跨过九江，我们正式进入你的怀抱，许是第一次的记忆还停留在儿时，这一次到来仿若初见。你的蓝天，你的白云，你的江河，你的水田，你的松柏……在绿色油漆粉刷下的火车里，我们见面了。

我们登上那辆期待已久的 D733 次列车，向你一点点靠近，正式开启我们的旅程。在火车上的时光是欢快的，上下铺的"爬床"，挤满人的火车，上下多脚的"炼丹炉"，奇奇怪怪的小游戏……嬉笑欢闹的声音充斥着我们的旅途，留下属于我们的青春记忆。白云朵朵飘过，树枝随风摇曳，溪水款款流过……窗外风景美不胜收。早上，我独自守在窗户旁，静静地向远方望着，等待着即将开起的朝阳。起初，颜色是淡淡的，淡淡的粉，淡淡的红，淡淡的蓝，在远方汇集，一点一点加深，一点一点扩大。没过多久，太阳已出半截，我仿佛听见你在呼唤我，呼唤我的到来，呼唤着我们前行。在聆听你的呼唤时，太阳已悄悄爬上天空，挥洒着它的光芒，释放着它的热量。就这样，我们打打闹闹，享受着窗外的美景，进入你的摇篮。

江西，好久不见，已是陌生。走下火车，踏入你的土地，温柔潮湿的风扑面而来，还带来了你的香味。拎起箱子，开始在你的怀抱中行走，找寻着革命英雄们曾在这里留下的印迹。我们沿着它，一点一点走进你的心里。井冈山，中国革命的摇篮，在这里，你庇佑着中国工农红军，你奠定着基础，仿佛红色融入你的骨髓，红色山歌，红色文化，红色故事……

今天我聆听着你的故事，仿佛我们是相识已久的伙伴，眼前似乎有一幕幕景象，有战士间的相互帮助，有领导们的指点江山，有队友间的温情流露，更有战士们的不畏生死、舍生取义。今天我们因为看见，所以相信，而在百年前的你因为相信，所以看见。当小红军战士抱着敌人师长纵身跳下悬崖时，我相信你一定看见了那插满红旗的中国大地；当敌人刨开伍若兰的肚子，杀害那个还未成型的孩子时，我相信你一定看见了在中国大地上，千千万万的孩子安全快乐地生活……

二、井冈井冈

井冈山，你好，初次登上，感慨颇多。

你的名字对于我早已不再陌生，第一个工农武装割据政权，井冈山会师……一桩桩事件在书本印出，被文字书写，我极力感受……

沿着蜿蜒的林中小路行走,眼前似乎出现一个个穿着草鞋,扛着枪,踏着泥水,唱着红歌的年轻红军战士。脚下一深一浅,阳光一遮一掩,风淡淡地从树影间掠过,亲身走上这坑洼不平的路,才知道这,原来就是红军路。一路高歌,我们的激情似乎也被激荡起来,"岭上开遍哟映山红……""长江,长城,黄山,黄河,在我心中重千斤……""我和我的祖国,一刻也不能分割……"一句句歌声回荡在山间。迈过小溪,踏过落叶,小路越发难走,可步伐却是越发坚定。

走在小道上,我忽然想起曾经看过的一本书《地球的红飘带》。书中记录着红军在二万五千里艰苦跋涉的长征路上的故事。书中不仅描述了一位位英明的领导,还讲述了基层红军战士们的英勇无畏,更有许多无名英雄的事迹。以鲜活生动的艺术情节,还原了红军长征途中征服千难万险的真实情景。脑海中,故事里的画面一幕幕重现。抬脚,跨过泥泞的土地,虽是独自走在这红军长征的路上,可又仿佛身旁有一名名挑着担子,扛着枪炮的红军先辈们。

走完一段红军路后,我们又去参观了小井红军医院。在那里我们了解到了许多可歌可泣的历史故事。对于这段历史我已了然于心,可等我听完导游的介绍,参加缅怀仪式时,眼眶仍止不住酸酸的,心里也微微痛。

那些屹立在我们身旁的雕塑,他们的眼神,是那样的坚定,那样的决绝。革命先辈们为了民族的解放,不惜抛头颅洒热血,把满腔的热情献给了伟大的革命事业,他们用行动证明了中国共产党的先进性，也为我们这些后辈做出了好榜样。作为当代青年，我们要继承弘扬英烈精神，坚定理想信念，让"红色"精神在新时代散发出新的活力和光芒！那些英勇就义的革命烈士值得我们永远尊敬。

一天半的行程结束了，井冈山，再见了！我会永远记得站在烈士碑林中的感觉。

三、登顶庐山

经历了近四百个弯弯拐拐，我们终于乘车摇摇晃晃地来到了庐山，只见周围尽是连绵起伏的山峦，层叠的山丘如被利刃削过一般，像一把利剑，直插云霄。白雾缭绕在连绵起伏的山峦上，像仙女抛下的一条条绸缎似的，我们仿佛置身于云海之中，缥缈又虚幻。

庐山的山道像一条盘龙似的，两旁苍松翠柏间不时传来阵阵鸟语。不管谁到这里，都会困顿尽消，生气倍增。

我和天悦开始自山顶向下出发，因为听黄老师说，从山顶至三叠泉大概有一千六百级台阶，于是我们决定一级一级地数，数下三叠泉的台阶，用脚步去丈量这巍峨而磅礴的庐山。

或许因为注意力完全集中于头脑中正在计数的数字，所以忽略了很大一部分的疲惫以及无趣。走至大概五百级台阶时，我看到了"搬运"的壮年们，其实就是懒得自己走上山的人们付钱，让他们肩扛着沉重木椅，将自己运送至山上。

阶梯如此陡峭，数量如此之多，游客如此之密集，普通人就连自己向上爬都是一件极其困难的事情，而他们却要肩扛另一个成年人以及木椅的重量，每天行走穿梭于庐山之中，这份艰辛可想而知。

四、感受

也许，这就是游学吧。

没有想象中的吃喝玩乐，漫步云端，彻夜长谈，欢欢喜喜，只有一个山接着一个山，一个博物馆接着一个博物馆……在一步步中，我们体会着红色，体会着游学。

游学后记

高一（1）班　王天悦

一早便听闻庐山四季景观不同：春看碧潭、幽涧；夏看瀑布、云雾；秋看落叶；冬看冰雪。在如此一个炎炎夏日，顶着火红日光的炙烤，自然不能错过雄伟壮阔的三叠泉瀑布，以及氤氲流动着的如轻纱一般的缥缈细雾。

我们乘车来到了山顶处，我和梓萱便迫不及待地自山顶向下出发。听黄老师说，从山顶至三叠泉大概有一千六百级台阶，于是我们决定一级一级地数，用脚步去丈量这巍峨而磅礴的庐山。

历经将近一千七百级，半个小时的努力，我们终于到达三叠泉。三叠泉位于五老峰下部，飞瀑流经的峭壁有三级，溪水分三叠飞泻而下，落差约一百五十五米，极为壮观，撼人心魄。三叠泉每叠各具特色。一叠直垂，水从二十多米的巅其背上一倾而下；二叠弯曲，直入潭中。"上级如飘雪拖练，中级如碎玉摧冰，下级如玉龙走潭。"站在第三叠抬头仰望，三叠泉抛珠溅玉，宛如白鹭千片，上下争飞；又如百副冰绡，抖腾长空，万斛明珠，九天飞洒。如果是暮春初夏多雨季节，飞瀑如发怒的玉龙，冲破青天，凌空飞下，雷声轰鸣，令人叹为观止。

瀑布飞流下来，泻在岩石上，那声音好似千军万马在厮杀，被砸碎的水好似一串串闪光的珍珠，珍珠互相撞击，化为水沫，溅起的水沫飘飘洒洒，变成雾气，在山间织出朵朵洁白无瑕的云，缠绕在山间。那晶莹的水珠滋润着绿树翠竹，洗涤着鲜花嫩草。来到这里的人们仿佛进入了人间仙境，浪花漩涡、激流，浩浩荡荡。

这样的山环绕着这样的云，这样的云衬托着这样的山，再加上空中五光十色的霞，山顶郁郁葱葱的松林，山下淙淙作响的清泉，简直是人间天堂。

匡庐瀑布，首推三叠，故有"不到三叠泉，不算庐山客"之说。但三叠泉长期隐藏于荒山深壑，隐居在它上源屏风叠的李白、讲学在它下流白鹿洞的朱熹都没发现它，直到南宋时期才被人发现。亲眼望见，真是壮观啊！望着眼前这如诗如画的美景，我不禁感叹道。

望了望庐山瀑布，也算是踏着李太白的足迹重游了回历史。置身于此景，也想要"挥毫万字，一饮千钟"了。难怪古时的文人骚客都愿寄情于山水、归隐田园之中呢，这样的宁静与祥和是在封建政治斗争中永远都觅不到的。就在这幽静的山谷中，江州司马白乐天来了，抱几堆山草，搭间茅屋，吟着几句文雅之词，道是："五架三间新草堂，石阶桂柱竹编墙。"独居一室，或有"举杯邀明月"的雅致，或有"戴月荷锄归"的操劳。在这清新淡雅的花径园里乐天释怀了，不用再煞费苦心地上书进谏，在朝廷中明争暗斗，他宁愿在这"人间四月芳菲尽，山寺桃花始盛开"的花径园里"颓靡"。他知道，是庐山给了他宽广的胸怀、心灵的慰藉。

通过此次庐山的游学，我收获最大的除了此般人间仙境的美景之外，更懂得了在追求目标的同时，不要忘了抬头看看周围的风景，人生除了脚下的每一步阶梯之外，更有大好景色在沿途等待着你的发现。

白蝴蝶
—— 对江西之旅的总结

高一（2）班　翟振皓

如今我已经坐在了返回北京的列车上，而游学第一天的事仿佛发生在昨天，细想这次旅行，我感觉颇有收获，而且有趣的是这一路上陪伴我们的不只有老师和导游，还有娇小的白蝴蝶。

记得从学校到火车站时，它就出现了。拉开窗帘看向窗外，视野中出现一只白蝴蝶，拍打着翅膀，在阳光下闪着光，即使只有一瞬，但我的视线全部聚焦在它的身上。那是多么美丽纯洁的生物啊，看着它时你的意识仿佛从这世界抽离了一般，无拘无束。

第一天到达井冈山，在井冈山博物馆门口，导游讲述了共产党曾经的那段艰苦历史，讲了毛主席是如何带着队伍，在井冈山落脚，与当地人王佐等搞好关系，保留住革命星火的故事。在这时，它又出现了，娇小而明亮，像是干草堆中的一点火星，给人以希望。

在黄洋界，我又累又热，坐在台阶上，感觉再也不想起来。在这时，我又看见了它，在森林的远处穿梭着，顺着它望去，仿佛可以看穿整个森林。"站在井冈山，不仅要看到江西和湖南，还要看到全中国、全世界。"在我分神时，导游告诉了我们毛主席曾给红军战士讲过的话，他这是在告诫红军要有远大的眼光。

之后第二天，在烈士陵园中，我再次与它相遇，它和同伴们正围着一块大墓碑绕圈，死亡的沉重与生命的活力交织在一起，让这一场景有着说不出的滋味。我看着这一场面，感觉这些蝴蝶像是在表示感谢，又像是那些红军战士们的灵魂转世，在静静地看着我们这些新一代。或许他们也在讨论着我们，就像我们正讨论着他们一样，我们互相赏识着，互相尊重着。

来到江西省会南昌，在这样一个繁华的大城市里，那白蝴蝶似乎与这番光景不相配，本以为那天是见不着那白蝴蝶了，但是它竟又如抢镜一般地出现了。在我爬上滕王阁第五层向外看时，一眼便看到了它。一望无际的天空与广阔的赣江，在这水天一色之间，夹着一点白色，畅游在这广阔的天地之间，为这雄伟的场景增添了一丝俏皮与活跃，不禁令人诗兴大发。

游学的最后一天，我们来到了庐山。不出所料，它们最后也陪伴着我们，在三叠泉瀑布下，两只蝴蝶翩翩起舞，仿佛跳着欢乐的华尔兹。在攀爬过后的极度疲惫下，看到这样的场景，身体的怠倦与世俗的烦心事一扫而空，感受着自然，仿佛自己也融入了那一棵棵挺拔的大树，一块块嶙峋的岩石，一条条蜿蜒的小溪……

在回程的列车上，我开始思考起来，若干年前的人们是否也看到了那些白蝴蝶？说不定王勃也看到过，在看到了那样令人着迷的场景后，略带着些狂气，写下《滕王阁序》这一千古名篇；说不定它们激发了古时的千万隐士，让他们感受到自然的美丽，促进了他们逃离世俗的决心。再向前推推，也许前世、前前世、前前前世都曾看到过……也许我们的后一辈也能看到。

一代一代下去，一代一代传承，传承着中华上下五千年的文化，让我们有所学习。不管是多微小的事物，我们总是能从中有所感悟，这便是根植于我们每一位中国人心中的中华文化。像是红色文化中传达的坚持不懈、目光长远的精神，像是我们每一个中国人拥有的诗意与对自然的向往……它们流淌在我们的血液里，我们应为它们感到自豪。

在回校的大巴车上，我又在窗外看到了那白蝴蝶，正拍打着翅膀，不断向前飞去……

别了，江西

高一（2）班　孙浦源

本来不想这么伤感的，但泪水还是在眼里打转。回想来江西时的欢欣雀跃，那时的我怎会料到如今（短短五天后）离别的不舍。坐在候车室里，我凝视窗外，静静地思索，默默地道别。

别了，红色圣地！幽幽松柏，静谧之地，烈士的英魂埋葬在这里。望着洁白的花圈在前方缓缓移动，我紧随着人潮登上阶梯，到达纪念堂。映入眼帘的是毛主席题写的如铮铮铁骨般的烫金大字：死难烈士万岁。这几个字给我带来巨大的震撼，一种庄严肃穆之感油然而生。绕过曲折的长廊，走进陵园，一座座栩栩如生的烈士雕像矗立在生机勃勃的草木之中。仅是行走在这陵园中，环顾这些雕像，便能感受到革命烈士的坚定不移和英勇无畏。最令我敬佩的一位烈士是朱德的革命伴侣伍若兰。当导游跟我们讲她就义的惨烈场面（腹中胎儿被剁成肉酱，头颅被砍下挂在城墙上示众）时，所有人都不寒而栗。难以想象，像她这样清纯灵动的年轻女子竟有如此强大的内心！作为革命老区，不知有多少英雄烈士在江西这片土地上抛头颅、洒热血，那山丘上的红土似乎是被鲜血染红的。别了，江西！红色的精神将伴我离开。

别了，文化之乡！红梁绿瓦，明三暗七的建筑格局，古朴典雅的内部装潢，用九龙匾上题写的"瑰伟绝特"来形容滕王阁实在是再恰当不过了。顺着楼梯层层向上，视野越来越开阔。上到最顶层，下面的风光一览无余：赣江如铜镜般平静浑黄，远处的楼群显得很矮小。"落霞与孤鹜齐飞，秋水共长天一色。"王勃所作的千古骈文《滕王阁序》中的这句诗毫无保留地写出了水天一色的美景，如今已然成为滕王阁的标志。除了这座名楼，海昏侯遗址也让我大开眼界。"北有兵马俑，南有海昏侯"，这么说其实不为过，海昏侯遗址出土的文物不计其数，而且至今还未完全被发掘。海昏侯给我留下的第一印象就是：有钱。陪葬品中出现了真车马，更不用说大量的五铢钱和被做成各种样式的金子了。当然，身为皇亲国戚，丰厚的陪葬品是合乎情理的。可悲可叹的是海昏侯刘贺短暂又戏剧性的一生：从王爷到皇帝，再到平民，最终郁郁而终。这一切皆因皇宫内部争权夺利、互相操纵。可怜海昏侯只传了四代，不然会给后人留下更丰富的文化遗产。别了，江西！瑰丽的文化将伴我离开。

　　别了，名川大山！云雾缭绕，怪石嶙峋，庐山之美，我心会意。"黄云万里动风色"，山峰隐藏在云海中，微风吹拂，山体的轮廓若隐若现，朦胧的影子颜色不一，近处深，远处浅，好似一幅水墨画。洁净如白雪，清脆如银铃，瀑布之绝，叹为观止。"白波九道流雪山"，庐山瀑布如一条丝带悬挂在山间，随风飘荡，清凉的水汽迎面而来。晶莹的水珠拍打在岩石上，破碎开来，顺势流下，汇聚成一捧蓝绿色的小潭。我们乘兴爬过岩石，来到泉水下游，将手伸入水中，潺潺流水欢快地划过指尖，将要汇入那宽广的赣江。别了，江西！山水之乐将伴我离开。

　　别了，江西老表！当地导游余老师是我们认识的第一位江西朋友。余老师，感谢您这五天的细致讲解和陪伴。最后一段车程，您和我们正式道别，带我们回顾了本次江西之旅，用歌声诉说了对我们的期望。在您长久的告别后，车内静默了几秒钟。接着，一阵哭声传来，一位女生从后面半掩着面走上前，拿起话筒，声音中带着哭腔："我真的很后悔之前没认真听余老师讲解……我觉得这次旅行和大家在一起真的很有意义，可能以后再也不会有了……"开始我们被这一幕吓了一跳，小声地交头接耳，但听她讲着，车内又静了，不少同学都潸然泪下，我也被感染得湿了眼眶。窗外的毛毛雨若有若无地飘洒着，一个旋律突然在我耳畔响起："江西是个好地方，好呀么好地方哟嘿。"

　　别了，江西！我挥一挥衣袖，不带走一片云彩。

不曾察觉的幸福

高一（2）班　乔　澜

一觉醒来，坐于桌前写这篇游记时，脑子里一片空白。我记性不好，途中发生的事情一时都记不起来，只能边写边慢慢回忆，可唯有幸福，我能真真切切地感受到它的存在。

在高考周出去游学，这本身就是一件幸福的事情，一想到别人还在考试或是上课，而我们却可以出去游山玩水，这种幸福感便成倍生长。

整理好行囊，乘着火车，坐在窗边，载着欢声笑语，我与同学们一路向南。老师布置了一篇行前随笔，不少于八百字。当时的我不想管这些，我只知道，我想认认真真地看一次日落，好好享受这一刻的黄昏带给我的浪漫，我想在自己可以承受得了后果的情况下挥霍一次时间。仅仅是这样小小地任性一下，现在回想时依然觉得很幸福。是自由让我感到幸福。

记一次浪漫至死的落日。夕阳染红了天边的云彩，穿过层层薄云将光洒向人间，洒向一望无际的原野，以及行进中的列车和我们。不过，我想它那天可能更偏爱我们一点，在树叶的缝隙中与我们玩捉迷藏，它时隐时现，忽明忽灭。它闪得越急，我们的列车也开得越快，就像相互追逐一般，蛮有趣的。它跑累了，就下山了，夜幕降临，写完行前随笔我也累了，就在铁轨声中睡去了。

清晨，我在欢笑声中被吵醒，不过我并不觉得厌烦，因为今天要出游，困意哪有出行的诱惑大呢？

五天的时间，让我经历了红色精神的洗礼。黄洋界中，发生过震颤人心的黄洋界保卫战；井冈山烈士陵园里，有一千多名烈士长眠于此；南昌城内，反抗屠杀政策第一枪的枪声至今嘹亮；红军路上，他们的艰辛我至今难忘……

最让我难以忘怀的还是朱德同志的夫人伍若兰的故事。她为了保护朱德，让他打扮成伙夫，自己扮成卫生员，才使朱德逃过一劫，成功转移，而她自己却被敌人抓获。当时的她已怀有五个月的身孕，但是残忍的敌人并没有顾念她孕妇的身份，依旧对她施加酷刑，可她宁死也不肯供出一点红军的线索给敌人。敌人拿她没有办法，只得让步，引诱她与朱德脱离关系，试图以此打击红军。但是她却怒斥敌人："要我同朱德脱离，除非赣江水倒流。"敌人一听这话，便知道是不可能让她屈服的，于是将她腹中的胎儿剖出，在她还有意识时将她的头颅割掉，挂在城门上示众三天。

这样的故事不是个例，还有许许多多的革命烈士选择为了民族复兴而牺牲。他们中的一些人能被后人记住，可更多的人并没有留下姓名，永远不会被知道，正是这些人成就了今天的盛世，他们用珍贵而鲜活的生命谱写了历史。

我愈发感受到如今幸福生活的来之不易，毕竟对于那些革命先辈来说，幸福，是奢侈的。"哪有什么岁月静好，只不过是有人在替你负重前行。"新时代的我们，应当在珍惜幸福生活的同时，铭记它们是如何获得的，以后我们也要为后人作出更多的贡献。

这次江西之行，我收获的不只是知识，还有对红色精神更深的理解，对人情温暖的更深刻感受。导游老师无微不至地叮咛，认真地对待每一位同学。讲解老师在前往景点的途中也不肯休息，经常一讲就是一个小时，他会把他知道的所有知识毫无保留地分享给我们。途中大家都很累，有不少同学睡着了，他也没有责备，而是依然饱含热情地讲解，他说："只要还有一个同学在听，我就会继续讲下去。"我觉得能遇上这么负责的老师，是我的幸运。

"很少有这样的风景，很幸运能和你们一起看一次。"出去游学，重要的不是去哪儿，而是和谁一起去。和全班同学一起出行的机会不多，所以每次都是很珍贵的，或许下次就不是这拨人了。游学途中发生的事情至今还历历在目，种种感动与激动交织，我想这不是能用文字勾勒出的复杂情感。

我与幸福，双向奔赴。

星火

高一（2）班　杨名旭

山河破碎、家国危难之秋，多少人舍生取义赴身火海，燃革命之星火，唤起燎原之势。然其生命也化为星火，虽然短暂，但放出大量的光和热。"死难烈士万岁"这句挽辞多么深沉而厚重，是因英魂不朽，是因星火灿烂！

革命先烈的故事令人敬畏，让人不得不为他们坚定不屈的意志、视死如归的决心和艰苦奋斗的精神而动容。小井红军医院中，我认识了曾志——一名女红军，生前一心为国为民，死后仍初心未改。给我留下最深印象的便是她的遗书，不开追悼会，不举行遗体告别仪式，"遗体送医院解剖，有用的留下，没用的火化"，一部分骨灰送回井冈山……生前她将青春岁月和宝贵的生命都献给了她的国家和她的民族，死后她将自己的身躯与灵魂也都交付给了这个国家和这个民族，"您所奉献的远远超出一个女人，您所给予的远远超过一个母亲"！

在井冈山烈士陵园中，我认识了朱德的妻子——伍若兰，她也是一位女红军、革命烈士，在红军撤离井冈山的途中，她为了保护朱德，于圳下被国民党抓捕。此时她已怀有身孕，高官俸禄的诱惑未使她动摇，严刑逼供的拷打未使她动摇，国民党无计可施，便称只要她宣称与朱德脱离关系就放她一条生路，而伍若兰坚决地说若要我和朱德脱离关系，除非赣江水倒流。最终她英勇就义。必死的决心使她的身躯在死亡面前显得无比高大，必死的决心使她的精神在那些实施暴刑置她于死地的人面前显得无比高尚，必死的决心使她在离开时的姿态显得无比光荣！

北山烈士陵园纪念馆的二层设有一厅，名为"吊唁"，厅内四周墙面由黑色大理石镶成，刻着井冈山根据地光荣牺牲的烈士的名录。15744个姓名，用金字嵌入厚重的石头，英魂不灭！厅内最后设有一面汉白玉无字碑，致那三万余不知姓名的烈士。这一面面冰冷的石碑，是由多少个令人动容的故事，多少艰苦的付出，多少人的生命凝成的勋章！

重走红军路更是让我深切体会到了革命前辈的艰辛。山路连绵，行走极为不便，头顶烈日曝晒，脚下毒虫嗡嗡，萋萋野草遍山，竹木林立封路，上攀山险难登，下行路陡难立，失足便万丈深渊，驻足便枪林弹雨。革命党人终不悔，曳屐寻路，不为留名，但为国为民洒血抛头，皆于山间，无人知其名，然无不泽其恩。革命先辈当年就是在这样艰苦的环境中，为中国走出了一条正确的革命道路。

走进北山烈士陵园，空气中弥漫着庄严与肃穆，两旁松树高耸常青，遮掩住两旁的天空，唯留下纪念馆上方的一片。我沿着被高大松树包夹在中间的宽阔大道拾级而上，不觉早已心生敬畏。站在陵园中，看着纪念馆上的"井冈山根据地革命先烈永垂不朽"几个大字，我开始沉思，这些革命烈士究竟如何坚定决心为国捐躯？难道他们就丝毫没有对人世的留恋？生命的意义又究竟是什么？……我凝望蔚蓝的天空，仿佛有一双深邃的眼睛也同时凝望着我，我开始有了想法，人不能只为物质而活着，还要为精神而活着，人活着若只是为了物质上的丰衣足食、茶饭无忧，那人生还有何意义。人不能只为小我活着，还要为大我而活着，小我的生活富足了，也仍应想到千万遭受苦难与屠杀的同胞；小我的家园安定了，也仍应想到被列强侵略凌虐的国土。若只安于小我的幸福与小家的圆满，眼光则是狭隘的，生活是平庸的，生命也是碌碌无为的。然而我又想到，若所做的一切都是为了精神和为了大我，仅是为最终实现所谓的自我的生命价值，仅是为流芳百世，那么行动便与初衷背道而驰了，之所以这么做，是因为为了让自己的生命对于这世间能有贡献、有意义。生命的奉献，不应是为了让生命与灵魂本身变得高大伟岸，而是让这世间更加美好，也因此人们才会传颂这样伟大的生命。而就算无人会得知我的姓名、我的事迹和我的生命，我也会去做一个无名的英雄，因为我所做的一切并不是为了这些，而是为了给世间留下更多美好……可能我所想的在读者看来并不是十分透彻，但我说服了自己，我开始理解了为什么英烈舍生报国，也理解了他们究竟如何看待生命，使我更加坚定，我若回到那个时代，也会做出与他们同样的选择！

　　我继续拾级而上，这是庄严肃穆的仪式，四处无声，待到山顶，见一群人结为行列，举右拳宣誓"我志愿加入中国共产党……为共产主义奋斗终身，随时准备为党和人民牺牲一切……"听到这里我的泪水不知为何失去了控制……

　　这片土地曾被燎原的星火点亮，而我辈继往开来！

星星之火，可以燎原
—— 记江西游学之旅

高一（2）班　潘　凯

和谐号拖着它雪白的车厢，满载着对江西的不舍与感慨，驰骋在铁轨上，一路向北……

与来时的骄阳似火不同，返回时，窗外雾蒙蒙的，连往日赣江上的涟漪也无影无踪。大自然仿佛听懂了我们的心声，理解了我们对于江西的恋恋不舍。

"江西是个好地方，好呀么好地方哟嘿……"这是我听到的第一首江西民谣。江西的山，不及五岳之高耸；江西的史，不如北京之悠长，但两者的有机结合确使这个人气不算太高的省份总能保持它的活力。若用一种颜色代表江西，那便是红色。

"世上无难事，只要肯登攀"，这是毛泽东同志在井冈山上的吟唱，正恰恰是这句话，概括了中国共产党的斗争历程。20世纪20年代，中国共产党作为我国的新生政党，却在国民革命中作出了巨大贡献，北伐连连胜利，共产党人数大幅增加，此时的中共正是春风得意之时。然而好景不长，几年后的四一二反革命政变，让国共合作的桥梁彻底坍塌，让稍作喘息的国民，再一次陷入了恐慌之中。共产党被大肆屠杀，岌岌可危，最后只剩下几小股势力，正是这点点星火，让革命的浪潮再次席卷全国。

唯贤唯德，能服于人。毛泽东率领秋收起义队伍登上井冈山时，他对战士们规定了"三大纪律"和"八项注意"，让当地老百姓相信他们是一支正义的队伍。存地失人，人地皆失；存人失地，人地皆存。共产党在斗争中始终坚持这一信念，以德换民心，所到之处，无不浓浓鱼水情，军民一家亲。

除了以德服人，细节也是决定成败的关键因素。当我们把目光放到两军的行事风格上，便一目了然了。国民党的生活可谓是骄奢淫逸，他们个个身穿美式军装，西装革履，油头粉面，只知挥霍不知节俭。而我党战士，蓝粗布军装，小米加步枪，尽管生活艰辛，他们却苦中作乐，勤俭节约，把大部分所得分给多灾多难的百姓。所以当战争条件恶劣时，只有我党才能坚持到底，取得胜利。

岁月不居，时节如流。当年的战火纷飞、硝烟弥漫早已随着往事，一去不复返，但战争中的触目惊心的画面仍历历在目，红军战士的呐喊声依旧回荡在耳畔间。曾经的我们，对于革命斗争的印象只停留在白纸黑字中，抑或是电视剧里。战争远远没有如此浪漫，它是残忍，是壮烈的。仅仅井冈山，烈士数量就高达四万人之多，其中也包括妇女和孩子。这一切的牺牲与努力，都在指向一个词——和平。在中华之危急存亡之际，我党的这星星之火，带给了人民希望。

井冈山上随风飘荡的红旗，以及南昌城中栩栩如生的浮雕，无一不在展示着革命年华，他们像是革命老兵，相互瞭望，感慨万千。如今，它们不仅仅是红旗，是浮雕，而是江西的图腾，更是中国新民主主义革命的图腾，是正义的图腾。

江西之旅，是我人生之首次，或许也是唯一一次。或许我会忘记江西菜的可口，忘记江西山水的壮美，但江西的革命精神与斗争意志却将永远镌刻于心。

青春向党，奋斗强国，星星之火，可以燎原。百年前，革命烈士的正义之火席卷全国。百年后的今天，我们心中的希望之火，无论大小，终会燎原。

已知

高一（2）班　张岳泉

我怀念这方沃土，更怀念和你们在一起的时间。

列车在高架桥上飞驰着，我们也渐渐远离了江西。时间过得太快，我想等回了学校后我还是会常常回忆起这段美好的时光。这游学的时间和在学校的时间一样长，但貌似比在学校有意思得多，真实得多……

"课本中文字的力量虽然足以让同学们感受到其背后的力量，但远远不如真正地去切实感受这种精神。"我一直在想，我是否完成了游学前立下的"切实感受红色精神"的目标，我想，我完成了。不管是重走红军路，还是在井冈山与南昌的博物馆中学习，当我看到这弯曲的山路或是博物馆中那枪杆子与油画时，我都会想象当时的场景是如何，这些想象，是文字远远带不来的。一块老手表，一杆枪，一面红旗，都常常会使我感动。的确，文字有时是冷冰冰的，它无法像一座雕塑一样向我们讲述其光荣的历史故事，也无法像一面红旗一样向我们展示其雄伟的精神。

在旅途中，我靠着窗看着大巴车在高速路上行驶时的情景，发现大巴车的影子总是和轮子相接。不禁想到，到底是车在追影子，还是影子在追着车？到底是我们在追逐着红军精神，还是红军精神一直在伴随着我们？我给出的答案是，红军精神就是我们的精神。曾经在网上看见有人说21世纪的中国发展愈发迅速，但红军精神貌似在人们的心中逐渐淡化了。我并不这样觉得，红军精神一直在我们的心里。

我们需要记住英雄，记住事迹，而不是仅仅停留在了解或者复述的层面上。历史书本上几行或几个文字，那就是一位英雄的一生啊。历史永远是沉重的，是有负重感的，我们永远要对历史怀有敬重之心。

我总想用一些华丽的文字去大肆赞赏这次游学，但我最终没有写出来。因为红色精神、历史、团体、友谊这几个词汇都是最朴实，最厚重的，我无法去刻意地写出一些花里胡哨的句子，一切的一切，也都是我的心里话了。

很欣慰，从在来时的火车上茫然地写下"未知"二字，到如今可以将题目改为"已知"。现在想想，在来时的那篇文章中写下"可能不会过多了解什么"是错的，这短短的五天，留给我的，不仅是知识，还有精神。江西的确给我带来了太多太多……

我怀念这片沃土，但我更怀念你们……

游红色沃土，我们永远在路上

高一（3）班　余　涵

逝者如斯夫，不舍昼夜。转眼间，我们的江西之旅在歌声与掌声中落下帷幕，然而这趟短暂的旅程着实在我高中生涯中留下了鲜亮的印记，历历数之，今犹可忆。

给予我们最深刻印象的无疑是井冈山。在出发之前，我就已对这个光辉的名字无比熟悉。1927 年 10 月，毛泽东率领秋收起义部队到达井冈山，建立了井冈山革命根据地。导游告诉我们，井冈山条件艰苦，可是我们的党在这片困苦的土地上顽强生存了下来，焕发出无尽的生命力。在井冈山革命博物馆里，一座座栩栩如生的雕像和一幅幅油画将我带回那个战火纷飞的年代，战士们目眦尽裂，呐喊着，奔跑着，带着千万底层人民的愤慨，向胜利冲锋！如今的我们其实并不处于一个和平的年代，只是处于一个和平的国家，这一切都是革命前辈们拿命换来的。在小井红军烈士墓、北山烈士陵园前，同学们庄重地脱帽，低头默哀、鞠躬。那短短的几分钟里，我心中涌动着敬佩、哀痛与思念。身旁不起眼的草地曾被鲜血染红，英灵在此长眠。

追随着先辈的足迹，我们体验了一次红军路。刚开始是一段公路，大家轻松应对，游刃有余。不一会儿就来到了山路入口，路一下变得狭窄起来，乱石嶙峋，有时甚至只容一人通行，左右植被繁茂，身边便是险峻的悬崖。我走在第一个，几次被乱石绊倒，后面的同学不禁屡屡嘱咐我小心看路。印象最深的是一段极其陡峭的下坡路，一不留神便会摔倒或者溜下山。我学着其他同学的样子降低重心，有时还需老师扶持，最终颤颤巍巍地下了山。我们仅是体验了一段路程，远不比当年的长征路艰苦。如今我们虽不必刻意模仿当年艰苦的条件，但要学习当年的红军先辈们为了理想甘于忍受艰苦条件的精神，处处为大局着想。

下了井冈山，我们驱车前往南昌。这里有着与井冈山不同的景象。城市的夜景让我想起北京，但这里孕育着与北京不尽相同的文化。我们站在滕王阁上，俯瞰赣江，悠悠江水向远方逝去，不知可否穿越千年时空与才子王勃的目光相遇？不知面对这壮丽广阔的山河，王勃内心的愤懑是否能够得到纾解？

盼星星盼月亮，终于盼来了参观海昏侯国遗址博物馆的行程。首先映入眼帘的是一面巨大的浮雕，描绘了海昏侯国百姓自给自足的宁静生活。接着我看到了曾在纪录片中看到过的刘贺玉印和大刘记印的龟纽。令我震惊的是这些印居然这么袖珍，近乎是洁白无瑕的玉料更凸显出墓主人的身份。旁边展柜中的一块块金饼更让人叹为观止。此外，我还参观了许多出土的车具、祭祀用品、生活用品，其精致程度都让人不禁细细端详。我们参观的最后一件展品是背面画有孔子像的青铜镜。画中的孔子又黑又瘦，与我们平时认知的孔子的形象有所不同，我认为这也许更加接近孔子真实的形象。

刘贺墓葬中出土的陪葬品虽极尽奢华，但他终究也只是一个政治斗争的牺牲品。霍光需要的只是一个便于操控的傀儡，而光从刘贺下的圣旨来看，就不难看出他有自己的想法与主张，所以霍光果断抛弃了他。成为海昏侯后的刘贺也许拥有无尽的财富，可是他连回长安参加祭祖的机会都被剥夺了。彻底失去机会的刘贺也许是失意的，但这就是残忍的政治斗争，深陷其中，人难免坠入深渊。

这次参观还是有些匆忙，希望以后能有机会再次来到海昏侯国遗址博物馆细细端详每一件文物。

江西之旅的最后一站是庐山。满山翠绿，薄雾缭绕，乱石铺路，瀑布直泻而下，三千多级阶梯令人望而生畏。在庐山的险与奇的衬托下，人类显得如此渺小。站在山顶远眺，连绵不绝的青山碧水令人心安。

"江山代有才人出，各领风骚数百年。"如今的我们虚心沉淀，在不久的将来，在我们生命力最旺盛的时节，我们将接过时代的接力棒，为了古老民族的伟大复兴，为了人民更美好的生活扬帆起航。

更在江西岸

高一（3）班　潘馨媛

时间飞逝，出发时的夕阳余晖还浮现在脑际，一转眼，便已坐在回程飞驰的高铁上了。看着楼宇、怪石、稻田、丛木从我眼前掠过，我才真正意识到，我们真的要离开人杰地灵的江西了，心里是满满的依恋，不舍，也带着满足。

回顾这几天，我们去过的地方还真不少。在来江西之前，我也曾有疑问，游学的意义究竟是什么？也许人人都有不同的答案，但经过这几天不断的认知和探索，我总算是给了自己一个圆满的答复。所谓游学，就是将自己置身于历史情境或自然美景中，使自己与其融合，从而获得心灵上的启迪和最纯粹的感悟。当我们被那漫漫历史中壮烈或辉煌的事迹所感染，被那自然美景吸引而驻足时，我们忘掉了功利，忘却了烦恼和忧虑。

在这难忘的六天时间里，有难忘的人，难忘的历史。在井冈山革命博物馆，听着合唱团同学们演唱的《映山红》，来来往往的游客们都为之动容。其中有一位老奶奶，拿出手机一直在拍我们。当表演结束的时候，她不停地鼓掌，竖起大拇指，嘴里一直发出赞叹的声音。我认为她的赞叹不只是对我们的表演，更是作为一个江西人，一个井冈山人对歌曲中饱满、热切甚至壮烈的感情所产生的共鸣。在北山烈士陵园，最让人难忘和动容的是吴月娥的故事。她出身贫困家庭，父亲去世，母亲改嫁，命运悲惨。她因掩护同志突围及伤病员转移而被捕，敌人强逼着她带路寻找红军下落，她有意将敌带到一处悬崖，乘敌不备抱住一位国民党军官纵身跳崖，壮烈牺牲，年仅十八岁。十八岁，是多么美好的年华，本该有着远大的前程，她却选择与敌人同归于尽。在八一纪念馆，我们看到了更加完整、全面的介绍。在课本里我们知道朱德同志在南昌起义前一天请同志们吃了一顿尽兴的饭，喝酒壮胆助兴。面对蒋、汪的叛变，他们要反抗，要彻底地反抗。可第一步总是艰难的，他们面对的是未知，但有一点是已知的，这大概率是一条必死之路。难以想象这些意气风发的共产党人，有着多么坚定的信念，多么巨大的勇气和多么伟大的热爱才踏上这样一条道路。他们是一个个真正的英雄，点燃自己，为中国带来光明的未来。

在旅程中，也有令人难忘的自然风光。来到黄洋界，我们更是感受到了井冈山地理位置的重要性。在这里，我们可以眺望湖南，许多领导人都曾来过这里。这里峰峦叠嶂，地势险峻，气象万千，时常弥漫着云雾，与汪洋大海一样一望无际。来到那奇石上，看着那云雾环住山腰，让人忍不住发出惊叹。最让人印象深刻的还属重走长征路。我们仅走了三段路，就已经很累了。尤其是那段山路，陡峭险峻，有不少同学摔倒。在下坡路上，潺潺的小溪流过，对于我们有些疲惫的身躯有着莫名的心理慰藉，仿佛触碰到那冰冰凉凉的河水，烦躁和疲惫就能驱散一半。但当时长征途中的红军战士们呢？他们什么都没有，只有简陋的装备和一颗颗怀着坚定信念以及对党的热爱的滚烫的心。在山间的路上我们也看到不少有趣和可爱的事情，看到戴着草帽种水稻的农民、带着小鸡的鸡妈妈、在阳光下晾晒的被子……这些看起来很平凡，不起眼的小事，却让人感受到生活明朗，万物可爱的气息。在这个不停走路、不停感知的过程中，正如罗新先生所说："对我来说，走路时所进入的那种沉思状态，能够带来极大的愉悦，似乎比深度睡眠更使我头脑清醒，比听古典音乐更让我心情平静。而且只有在这个时候，我们称之为大自然的那个存在，才真真切切地与我的视觉、触觉、味觉、听觉发生联系，让我意识到自己是大自然的一部分。"这就是"行万里路"的要义吧。除此之外，在滕王阁上瞭望江西也是别有一番韵味。"落霞与孤鹜齐飞，秋水共长天一色"，王勃的经典名篇《滕王阁序》中有对此处最贴切的描写。滕王阁加上地下二层，一共是九层，各层都有几十个檐角向上翘起，像是展翅欲飞的孤鹜，举目仰止雄伟壮观。步入阁楼，仿佛进入了一座艺术殿堂。登阁纵览，春风秋月尽收眼底，近可见仿古商业街迂回曲折，错落有致，西侧赣江、抚江浩浩汇流，远处长天万里。在此处停留，不禁有种时过境迁的惆怅和无力感，曾经秋水共长天一色的美景被高楼大厦所替代，江水滔滔，不见当年帝王家。与浩瀚星河相比，我们，甚至前人的存在只是须臾，终将化为灰烬。最后来到庐山，即使过程艰难，我们仍走完了那几千级台阶。来到瀑布脚下，"哗啦啦"的水声震耳欲聋。瀑布从峭壁缺口骤然而下，真像无数条白龙抖动龙须，狂奔着，怒吼着，吞云吐雾，扑入碧绿色的潭中。置身景中所受到的直观的震撼，是我们宅在家里所体验不到的，是在课本上学不到的。

总之，这段难忘的旅程经历会一直镌刻在我的记忆当中。我不想把它抹去，也很难把它忘掉。希望在日后，回忆这段经历，仍能感受到当时那颗充满希望和理想的滚烫而炽热的心，同时也能勉励自己，在井冈山星火照亮的光明前途上，守护光明。

赣江流过的那一片土

高一（3）班 沙 朗

我们一路向南，与江西这片土地相会。

我们刚刚见面时，你裹着一层绿色的大衣。我坐在通体绿色的火车里，一眼一眼地望向你，满眼的娇翠欲滴。太多山峰拔地而起，无数的树木铺满你的整个身体。那一片片的毛竹林，是我在北方从没见过的风景；那山上的高高的林木，是我在北方山上看不到的光景；树根下一只只昂首挺胸、颜色各异的家鸡，是我在北方从未体验过的新奇。我们刚刚见面，你很热情，让我们头顶上的天空不见云彩，用最耀眼的阳光纪念我们的初见。水也格外的清，但如果只说清，我怕不能完全概括你的清丽，那是一种奇特的感觉，水有着不同于北方的灵性，它是轻盈的，活力满满的，甚至可以说是充满希望的。在赣江流过的这一片土地上，水并不年轻，这里有太多东西承载在它的身上，但它又分明是一股朝气蓬勃的水流。我们刚刚见面，可金风玉露一相见，便早已胜过世间无数。

我们慢慢认识，从拥着红色土壤的井冈山到雄奇险峻的庐山；从红色地标南昌八一起义纪念馆到富贵堂皇的海昏侯国遗址博物馆；从庄严的革命英雄纪念碑到令人惊叹的滕王阁。

你慢慢地诉说着这里的故事，你说，井冈山这个老人太不容易了。在那个战火纷飞的年代，它清楚地看到了山上战士的竭尽全力。它哭过，抓狂过，也疯狂地吹向山下不让敌人上山，可无能为力，敌人的子弹纷飞，穿透了一个个战士的身体，它的眼睛被溅上了鲜血。战争最后以胜利告终，可它无法在自己看过这场悲剧后还能欢喜，战争太惨烈了，红色的世界里全是断臂残肢。直到如今，才勉强把鲜血染红的土地盖上。

你诉说着南昌这个城市，你跟我们说，它变化真大，从八一起义算起，不到百年，栋栋高楼拔地而起，战争的伤疤也被一个个修复。你诉说着古老的海昏侯的故事，你说在你的身上，不单单有红色、绿色，还有金黄色。你伴着江风告诉我们滕王阁的更新换代，这个命运多舛的楼阁的故事，倚着栏杆，望着无边的江河，我们认识了。

在当地陪我们的导游姓蓝，他笑起来有江南水乡的腼腆，他的话从不是喃喃细语，也不是热烈激昂，而是一种江西特有的味道，老成，稳重，面对任何事情都不慌忙，只是去述说既定的事实。不着急，不慌乱，以一种上善若水的心态来对待世间万物。好像连这点你也事无巨细地引导了我们。

我们一直在观察，一直在倾听，可到临别时要给你留下些什么呢？

最终我们还是留下了一些印记，留给你——这片赣江流过的土地。

我们留下的，是对历史的尊重，是面对革命英雄纪念碑时的肃然起敬，是对烈士墓的低头悼念；我们留下的是我们的脚步，是面对陡峭山路的勇往直前，一步一个的脚印，是在危险的滑泥上留下的，互相拉起的痕迹；我们留下的是我们每个人的欢声笑语，是一路唱着我的祖国，高歌下山。我想我们把欢声笑语留在那儿了，那个山谷里会一直回响着我们的声音。

近来，看着北京的落日余晖，我总会不经意想起与那片赣江流过的土地的相遇。不清楚是怀念那片土地上的我们还是那片土地。

"只缘感君一回顾，使我思君朝与暮。"

第二章 贵州线：遵义转折

——遵义转折 力挽狂澜

一、每日行程

日 期	活动地点	活动内容
第一天 6月6日	北京—遵义（K507）	乘火车前往贵州遵义
第二天 6月7日	遵义（汽车）	参观遵义会议会址
第三天 6月8日	遵义—娄山关—贵阳	参观娄山关（徒步活动）、 欣赏《娄山关大捷》演出
第四天 6月9日	贵阳—安顺—贵阳	参观黄果树瀑布
第五天 6月10日	贵阳—平塘	参观天文小镇 （天文体验馆、天象影院）
第六天 6月11日	平塘—贵阳—北京	参观中国天眼（FAST）

二、且行且思

心灵的"远征"

高一（8）班　陈思庆

"旅游的意义何在？网上都有哪些景点介绍。"

"用双脚丈量世界，用双眼观察人间，用一颗心去领会生命。"

一百四十四个小时的远途跋涉，我在体悟，在成长。

用双脚丈量世界，意义在于亲身去经历，去体会。比起去网上看视频的"一秒直达"，贵州之行是在二十九个小时的等待之后才缓缓来到的美好。正是有了漫长的等待，才更让我们珍惜眼前美景的不易。用双脚丈量世界，真正把脚踩在那片土地上，踩在那片八十多年前红军也踩过的土地上，那一刻我感觉历史重合了。我们仿佛能看到娄山关战役红军英勇作战的敏捷身影，听到枪炮声不绝于耳……只有真正到了目的地，双脚踩在地上，才可能产生对于这一方土地的更深刻的感悟。

　　用双眼观察人间，意义在于捕捉更多的细节，对一个城市形成更加立体的印象。我们在网上是不能看见城市的全貌的，我们所熟知的名胜古迹，只是一座城市最具特色的一面，而不是这座城市的全部。当我坐在大巴车上，看到街边店面简陋却生意兴隆的牛肉粉店；当我透过餐厅的落地窗看到窗外像瀑布一样繁盛的粉色花海；当我走出黄果树瀑布景区，目光掠过那两个趴在护栏上兜售李子的小女孩……才真切捕捉到，埋藏在缝隙中的，那个更为真实可爱的贵州。只有用双眼仔细观察，才有可能捕捉旅途当中的小确幸，才有可能感受到一座城市的温度。

　　人要不断地进行思考、探索和征服，这些是人的本能。但在两点一线的忙碌的学校生活中，我们鲜少有机会去拾起这些本能。游学，赋予了我们开阔眼界的机会，我们在行进中，不仅思考知识，更思考历史与生活；不仅体验课堂，更体验饥饿、跌倒和疲惫。我们的生活不止眼前的一方书桌，还有滴着水的绿叶与汩汩山泉。

　　这大概就是为什么人们说，读万卷书不如行万里路。毕竟切身体会后得到的收获，是独一份的，更是难以忘怀的。贵州红色游学之旅，我收获颇丰。

　　众所周知，遵义会议是红军长征路上的伟大转折。在我聆听了对于遵义会议会址的讲解后，我对他的印象还只是那个"伟大转折"，我痛恨自己的理科脑子进不去半点人文素养，但车上王导游的讲解让我豁然开朗。他说，那是一个至暗时刻，却也是一个至光明的时刻。

至暗时刻，是因为红军伤亡惨重，战争局势不容乐观；至光明时刻，是因为短短几天的遵义会议，纠正了"左"倾错误，指明了前行的方向，遵义会议是这样一个拨开云雾见光明的伟大转折。

导游的讲解我记住了，可遵义会议仍像一个遥远的历史名词，看得见摸不着。这时候耳边传来了这样一句话："红军有二万五千里长征，你难道没有属于自己的长征吗？你的生命中难道没有自己的大渡河，自己的遵义会议，自己的伟大转折吗？"是啊，长征曲折复杂，就像我们变化无常的生活，虽漫长艰辛，却也偶有灵光一现的醒悟或成长——我突然不迷茫了，我们的人生，不就像这二万五千里长征吗？我们跌倒，我们挣扎，我们徘徊，我们前行。

我走在翠绿的山间，深入了解一座城市、一段历史，以一颗少年的真心。这是六天的红色游学，这是六天的心灵苦旅。

在贵州看山

高一（8）班　方徽悦

贵州是唯一一个没有平原的省。

在贵州移动，不是在穿山而行，便是在盘山。

在娄山关游览时初次有这种感觉

从山脚下看，石头上扎满了绿色，不都是直冲云霄的寒树，更多是些灌木、草本植物等，像细碎的粉末。植被与云雾相碰，中间没有一点杂色。山峰与天空分别展示出最优美的姿态，像美人的线条、像水墨晕染在宣纸。

近处，一切都是翠绿，树叶和花朵、灌木层层叠叠，调出斑斓的生机。越远，绿色就愈发暗沉，直至变成暗淡而混杂的颜色。若问它究竟多远，我只说远到一切山峰遮蔽了它的阳光，一切绿影透不过雾霭。

坐车向着观景台走，一路绕山而行，窗外的草木飞速向下奔去，不时与悬崖峭壁打个照面。往后窥见了灌木熨帖着无边山峰，中间盘踞着人凿出的公路，我发觉原来人类才是自然的客人。

漫步山顶，眼前吹过扰动了红旗的风，眼里映射出苍茫无边的蓝色——我不知为何是蓝而不是绿，约是我站得太高了些。蓝色也并不均匀，颅顶最澄澈，直到与山的交界，被云或是雾气柔化而淡了些，温柔地交合在一起。

山和天都是这般浩大，不曾谦让。一个誓用湛蓝包裹一切，另一个不论风雨傲然挺立在人间。高低错叠着，山峰的黑影在大地上抵抗，用伟岸身姿证明它蕴藏的无穷力量。

仿佛听到大山在放号。

"从头越，苍山如海，残阳如血。"

可曾有人听到呼号？

我听到了。

是陷入绝境却又生出希望的领袖，我听到了他的心声。时光流转，我又回到那日凌晨。马灯在黑夜里挣扎，他的眼里是耀眼的血红——那是胜利、那是希望、那是没有剥削没有贫穷的未来！红色划破了黑夜，击碎了土石山。他在挥手，伸展开必胜的臂膀！

"从头越，苍山如海，残阳如血。"

可曾有人听到呼号？

我听到了。

不再有无尽的黑夜了，沐浴在红旗的光辉下，我们拥抱每一个湛蓝的天和青葱的山。

行至平塘，我见过了更多的山

在其间徒步，公路在山间谷地挤出一条小道，弯弯绕绕地通向大山深处，走过才真切体会山的连绵。山总有些相似，粗略地看来就这样，不过细细品来却别有一番意趣。二十公里的路程让我有幸经过几座山包——虽然我现在这么叫它，那时可真是觉得不可逾越呀。山，在山脚下看来，是极大的，大到支撑不住自己的一部分，像被刀劈一般割下来，露出黑白纵向交叠的剖面。听导游老师讲，这是风化侵蚀的结果，这里原是汪洋。当然也有同学猜测，一部分是沉积火山灰，另一部分就同喀斯特地貌的原理一样了。我自认为这里绝对和地理课上讲的喀斯特地貌分不开关系，真想再听一次那节课，绝对有新的收获！

这里的植物种类多样，只可惜我已经累得只剩窥见眼前的沟沟坎坎的力气了。墨绿、深绿、暗绿、青绿、碧绿，全然都让我略去了。

翻过代表终点的那座山

我在次日初见了 FAST。

确是大国重器，我曾浅薄地了解过它：建设在深山一片苍翠中，四千多块银色的反射面板，这是我的最初印象。

拾级而上，我们初次相逢：周边群山环绕，二十二年的努力，将这举世瞩目的奇迹安放在群山之间。尽管与绿色格格不入，它却是最与自然和谐共生的一部分：望远镜的形状完全贴合了山势，大大减少花费；反射面板透水率极高，坚固的金属下，依旧是勃勃生机的草木。这天淅淅沥沥地下着小雨，山间雾气弥漫，暗自在缝隙间涌动，梦幻般缠绕在山上。云是山峰最亲切的朋友，现在又有了一个新伙伴。

当它们沉溺于旷远的大地时，可曾想过听听百亿年前的声音？现在有人转述给它们、给这个世界上的一切了。

这座山是沉寂的一部分，也是听见宇宙的先锋。

它会享受这先知先觉的愉快，还是会怀念曾经的宁静呢？我不可知。

贵州的山确实极多

可能贵州人民的生活、血液,早就和这些大山不可分割了。

我们曾喟叹大山带给人民的不便和苦难。但是,新的生活、新的时代确已到来。它终将以绿色的生命哺育我们,我们将世世代代在绿荫下,过着愈发美好的生活。

别畏惧山路遥遥,我们已经走过了。

漫漫长征路,铮铮四中魂
——记北京四中"青春向党,奋斗强国"社会实践活动贵州线

高一(8)班　苏子瑜

"红军不怕远征难,万水千山只等闲。"红军二万五千里长征使中国革命转危为安,谱写了人类历史上一部伟大篇章,更为后来人留下了如铁的长征精神。作为新时代北京四中的学生,我们应当传承这种精神,开始自己的长征路。

路线的第一站是遵义。阳光从树叶缝隙间穿过,洒在红军山上。我们站在纪念碑下,悼念逝去的英雄。红军山上的游人来来往往,都神色肃穆,这块被英灵环绕的土地陷入宁静当中,只有树叶随风而动,与鸟鸣合奏,证明时间依然在

流动。听导游讲述红军战士们的一件件事迹，脑海中对长征模糊的想象逐渐清晰起来：红军战士拖着疲惫的身躯前行，即使这样，他们坚毅的脸庞上依然写着坚定，带着一往无前的决心四渡赤水，佯攻贵阳之后一路西进。这一路上最为重要的一站是遵义会议，它结束了王明"左"倾教条主义在中央的统治，挽救了党，挽救了红军，挽救了中国革命。在会议上所表现出的坚定信念、实事求是、独立自主、民主团结的精神，潜移默化地影响着我们每个人。踏上娄山关，在西风台上大声地唱出《忆秦娥·娄山关》，这种感觉更加强烈。从山上看去，川黔公路穿山而过，曲曲折折通向远方，这是红军曾经战斗的地方，血红的"娄山关"镌刻在崖壁上，让人想起当年惨烈的战斗场景，心中油然而生对革命志士的敬重。

从遵义再南下，我们趁着东方的霞光，到达第二站贵阳——一座湿润的南方小城。古时称山南水北为阳，而贵阳城坐落于贵山之南，由此而得"贵阳"之名。贵阳多山多水，加上地处西南，造就了这里森林茂密，气候温和湿润的自然条件。早晨的贵阳城是最美的，天还没完全亮，清风拂过城市的大街小巷，我们看着它苏醒过来。忽然间，一声短暂的汽车鸣笛声打破了寂静，一切都在刹那间活跃了起来：街边小贩叫卖着新鲜的水果特产，街道上车水马龙。伴着这景色，我们一路去到位于安顺的黄果树瀑布。

沿着天星桥，走过石壁间的狭窄小道，我们来到上游的陡坡塘瀑布,这里也是1986版《西游记》片尾的拍摄取景地。顺流而下,我们来到黄果树大瀑布。站在其下的观景台上,即使距离它很远,依然可以清晰地听到它隆隆的低吼;流水一落千丈,掀起漫天水雾,和着阳光,天地间飞起万道长虹。河水由上而下,似一道白练从青葱的林里倾泻而出,使得人的鼻腔里弥漫着水的气味,也暂时驱散了炎热。仅一次,这气势就足以让人一生记得了。

科技班一行,最不可少的是科技。贵州省平塘县大窝凼,天然的洼地,有着好的排水性能,历经十二年选址,最终将中国天眼(FAST)建在此处。无线电静默区的二十公里徒步,我们锻炼意志品质的同时惊讶于天眼周围生态环境的保持。走近天眼乍一看并不觉得它巨大,但当我们观察到馈源舱下的几个小黑点是工作人员时才切实体会到这一工程的宏大——中国天眼,全称为500米口径球面射电望远镜,材料采用多孔结构,防止积水。整座天眼的核心是位于球面中心的馈源舱,它重三十吨,由六座馈源塔上的钢索吊起,是天眼的"瞳孔"。在平时,馈源舱处于球面的最底端,只有有观测任务时,它才会升起,接收来自宇宙的无线电波信号。整个天眼建设历时二十二年,在2016年竣工,由此,我国正式拥有了世界第一大球面射电望远镜。天眼的总设计师、负责人南仁东先生,带领团队走遍全国各地,才最终确定选址位置。天眼在启用的四年时间里,发现脉冲星一百一十四颗,观测时间近一千小时,创造了多个世界第一。将在未来二十至三十年保持世界一流设备的地位。

贵州行，我们体会了长征精神，享受了黄果树瀑布带来的五感盛宴，了解了南仁东先生的坚忍不拔以及他与天眼的故事。同时借由重走长征路，徒步行军，锻炼了意志品质。在红色人文和科技氛围的熏陶下，我们成长了许多。在生活中，我们有自己的雪山草地，长征精神和我们的生活密不可分，走自己的长征路，做杰出的中国人，也是四中所倡导的。漫漫的长征之路，锻炼我们铮铮的四中魂！

火焰与星辰
——贵州线游记

高一（8）班 王 遇

一周，四座城，无数感动。想要概括一下这次旅行，又不知从何说起。最后，我终于想到五个字：火焰与星辰。

有一种火焰叫长征精神

"西风烈，长空雁叫霜晨月。霜晨月，马蹄声碎，喇叭声咽……"唱着《忆秦娥·娄山关》，我们相聚于娄山关西风台上。

从西风台远望，远处群山轮廓被日光抹淡，融入天空。近处山峦清晰苍翠，连绵不断。山之上，几片云被风撕裂，在蓝色的幕布上留下淡淡白痕。西风台上，同学们或站或坐，围成一圈听老师讲娄山关与长征的故事。

娄山关大捷是红军长征以来的首次大捷，是遵义会议精神的实践。娄山关之后，红军一路勇往直前，顺利完成二万五千里长征。提到长征精神，有五个关键词，分别为：不怕累不怕死，一切为了人民，独立自主实事求是，紧密团结，与人民共患难。

"不怕累不怕死"是大家最为熟悉的。从雪山草地的险恶环境，到国民党的穷追不舍，一道道生死考验前红军没有退缩。"一切为了人民"是红军前行的精神力量，深深刻在战士们的心中。"独立自主实事求是"则体现在毛泽东的正确指挥上，如四渡赤水巧妙甩掉追兵。"紧密团结"是这支队伍的内在品性，聚沙成塔，握指成拳，红军的团结友爱是他们成功的法宝。"与人民共患难"，体现在长征途中是红军待民如亲人，与人民患难与共，生死相依。

然而，长征已经是八十多年前的往事，生活在和平年代的我们与长征精神又有什么交集呢？细思，如果把共产党比作一个有生命的个体，那么长征就是他的成人礼。共产党在磨砺中走向成熟，中国革命在艰险中快速成长。这也与我们的生命过程一样，谁没有自己的大渡河和金沙江？谁没有自己的雪山草地？它可能是升学考试，可能是职业瓶颈。磨难是不可避免的，直面磨难，我们才有成长。而长征精神能够指引我们如何面对磨难，所以，在长征胜利八十余年后的今天，我们依旧需要长征精神的指引。

西风不会安睡，它永远在山间展示自己的力量。长征精神不会休眠，它根植在代代中华儿女心中。这段苦难辉煌史不会远去，它时刻提醒我们砥砺前行。

回过神来，不知何时老师结束了讲解。再望群山，似乎天地更加辽阔，风声更加响亮。信仰，光明，我的心似乎被什么轻轻拂过，待要追寻却不见踪迹，隐约地，我知道那是一种精神注入心底。

有一片星辰叫人类的信仰

伴着细雨，我们坐车深入贵州喀斯特地貌的峰丛。一路上山路曲折险峻，引得同学们阵阵惊叹。沿途有无数的上坡下坡，车辆总是在最崎岖的地方转弯，这样盘山而行，即便是最有经验的向导也会迷路。而正是在这样的环境中，安放着中国的国之重器——FAST（500米口径球面射电望远镜）。

到了山脚下，我们需要爬上七百余级台阶到达观景台去看中国天眼。由于这次旅行是在无线电静默区，因此手机和数码相机都不允许带入，没有了电子设备的我们，能将注意力百分百地献给自然。踏着木质台阶打着伞，看群山锁轻雾，片片迷蒙，身旁雨中不知名的植物格外青翠，还有小小蜘蛛朋友匆匆从台阶一侧走向另一侧。

到了观景台，站在玻璃护栏边向下望，巨大的望远镜躺在大窝凼内，馈源舱静静停在望远镜中央。雨不知何时小了，雾却还没散，有几缕雾气悠悠飘在望远镜球面内。雾下是四千块类似三角形的银色反射面板，因为光线原因它们有深有浅，独具美感。我们的讲解老师将望远镜比作一口大锅，我却觉得有些不太妥当，比作一个白银盘似乎更贴切。

与 FAST 日夜相伴的是最原始的大自然，周围唯一的人工建筑物恐怕就是我们脚下的观景台了。身处这样的"荒山"中，我不禁想到望远镜建设过程的不易。这不易不仅仅是交通不便，还有幕后工程的高难度挑战。确实啊，从立项开始，FAST 沉寂了二十二年才在世人面前亮相。这二十二年中，有南仁东先生多次亲率学生考察地形，有他坚定地迎难而上选择安装可调节角度的反射面板的构想，还有建设部门因为找不到合适的钢索，从零开始攻关研发新材料……天眼的建成，不仅是中国卓越的科研能力、建设能力的展现，更是科学工作者们执着追求精神的外显，足以使全国人民为之自豪。

天眼天眼，观天之眼。思绪跨入历史，从屈原的《天问》开始，中国人对星辰的痴迷就没有停过。追寻星空，或许也是人类的本能之一吧。为什么仰望星空？在看星空时人类看到宇宙造物的伟大神奇与自己的渺小。观星也是人类的内省，壮丽的星空使人类重新谦卑，使人类认识到征途才刚刚开始，总有更广阔的天地、路在延伸。追求本身就是永恒的，而星空只是一个寄托。保持谦卑，或许是我们面对宇宙的最好态度。

西风台平地而起，昂扬的长征精神直冲云霄；FAST 安放窝凼，谦虚求索的态度静水流深。一高一低，一大一小，一量地一观天。一个是胸中燃烧的火焰，是内在不熄的斗志；另一个是永远追寻的星辰，是外在不变的理想。贵州之行给我的最大收获正是这火焰与星辰。

愿我们都有火焰星辰为伴，且行且歌，壮游天地，不负韶华。

游学报告

高一（8）班　陈应涵

七天的贵州之行结束了。

这七天，我们经历了二十九个小时的绿皮火车，在遵义会议会址感受党的生死转折；在烈士陵前致以最崇高的哀悼和敬意；在娄山关感受红军不畏牺牲、浴血搏杀的战斗精神；我们欣赏黄果树瀑布的壮丽秀美、大自然的鬼斧神工；我们在平塘秀丽的群山中徒步，用二十公里证明了我们顽强拼搏的意志；我们参观国之重器 FAST 和天文博物馆，油然而生对科学家的敬意和对星辰大海的向往……这七天，我们的行程充实有意义，我们的活动丰富多彩。

第一个主旋律"红色"，带给我们的是思想上的成长。我们从小到大接触过无数爱国主义教育，听过无数次我党苦难与辉煌的革命史以及革命先辈们奋斗拼搏的故事。然而，没有一次爱国主义教育能像这次亲身经历的游学活动一样直击我们的心灵。当我们真正站在革命圣地之上，那段光辉历史仿佛就在我们眼前重现，使我们身临八十多年前的革命历程。而我有幸作为学生代表，在烈士陵园祭奠时进行发言。当洁白的鲜花摆在高大的纪念碑前，当我的声音回响在寂静的祭坛上，我仿佛感受到革命先烈们和革命精神在与我共鸣。那一刻，我对于长征、对于红军、对于革命、对于中国共产党的理解，变得深刻而厚重起来。

第二个主旋律"拼搏"，给我们带来的是意志品质的磨炼。娄山关、黄果树瀑布、平塘，我们一直在行走，每日的"行军"都是对我们体力和意志的双重考验。平塘二十公里的超长徒步，我们最开始欢欣雀跃、轻松愉快，一路欣赏着秀丽的山色，好不惬意。可是，当路程过了一半，我的腿就开始如灌铅般沉重，肌肉收缩得极硬，因乳酸堆积而酸痛无比，双脚更是被磨得疼痛不已。走的每一步都是对身体和心灵的巨大折磨，走到最后甚至开始眩晕、难受。老师给我们留下了"后路"，我们可以选择在七公里处停下返回，可以选择乘坐道路旁的汽车返回酒店。但我们选择了咬牙坚持，哪怕再苦再累，也一定要走完全部路程。这是我们的坚持与拼搏，更是受了红军长征精神的影响后意志品质的升华。

第三个主旋律"科技"，则指引了我们未来前进的方向。作为科技班的我们，未来定然是"科教兴国"战略中重要的一部分。FAST作为国之重器，融合了天文、物理、材料、建筑、工程等诸多领域的尖端技术，是一场科技的盛宴。而天文博物馆，更是让我们了解了浩瀚宇宙的诸多奥秘，激发了我们对于星辰大海的心驰神往。然而，对我们影响更大的应该是 FAST 总设计师南仁东先生所代表的一种科学家的精神——百折不挠、精益求精、上下求索、呕心沥血、勇往直前。在了解了南仁东老先生的事迹后，我不禁感慨：世上从不乏追名逐利之人，然而总有看破名利、想为国家进步作出贡献的英雄。他们倾尽心血，为国奉献终身。天眼所蕴含的科学知识我们可能终有一天会忘记，但科学家的精神品质足以影响我们一生，为我们后续做科研带来前进的动力。

　　短短七天，我们经历了一场成长与蜕变。我们从最初的对于旅途艰辛、长途跋涉的不满，对行程安排的不解，到服从安排、理解安排，并最终从中获益。我们从一个个小家中走了出来，度过了一段难能可贵的集体生活。行前会上，叶老师告诉我们，四中学子要"能讲究，可将就"。无疑，游学的一路是辛苦的，条件自然与在北京、在家的日常生活相差甚远。但我们学会了接受和理解，去尝试感受这种不一样的生活，去尝试在苦中作乐、在艰苦中成长。所谓"游学"，我们学的到底是什么？难道仅仅是一些历史、政治、地理和物理知识吗？当然不是这样。我们磨炼的正是我们的意志品质，当我们遇到困难与挫折，遇到艰苦的环境，遇到生活中的不如意时，这次游学的经历就会提醒我们——不畏困难、永不言弃、勇往直前。我想，这就是"游学一周，改变一生"的真正意义。

雨后风光

高一（8）班　郁　时

有个同学告诉我她很喜欢雨后泥土的气息。那是一种浑浊又清新的味道，夹杂着花草枝叶的芬芳。那么她一定很喜欢贵州了——整个贵州的环境便是如此。

贵州的山在我看来是最美的，她有着多样的情，多样的倾诉。和谐处的山便是一个个小山包，呈半圆状，葱郁的树木笼罩着，看上去软软的，阳光照在树木上，便热腾腾地蒸起了一层层雾气。胖胖的小山簇在一团，挤来挤去，不比谁高谁低，只是比着谁更可爱。这个憋了一口气，把腮帮子都鼓起来；那个伸开胳膊，拉着两条长长的、飘逸的银色带子。在这些山的山脚下，偶尔盘着几条公路。路上没有什么车，偶尔有一辆，宛若在一群小胖墩里挤来挤去。

可这山要是发作起来，也是蛮令人害怕的。山腰上怪石嶙峋，偶尔挂着道道巨大的伤痕，也许曾经和盘古搏斗，被砍了一斧头，巍巍断崖横在面前，像是巨人结实的胸膛。高大的山间夹着极深的谷，公路谨小慎微地盘绕其中。地理上常讲让地面崎岖不平的是来自宇宙的力量，让地面趋于平缓的是来自地球内部的力量。天与地在这里展开了一场持续百万年的拔河，把石头拔过了云，把大地拔出了个个天坑。

这不就是大自然浑厚力量的体现吗？这不正是刚柔并济的大自然无可比拟的另一面吗？

山和水总是出现在一起，他们温顺时便柔美，愤怒时便激烈。水与山紧密地交织在一起，像亲密的情侣，山无时无刻不支持着水，水呢，倾其所有滋润着山。不知道他们什么时候相遇的，只知道他们已经相依了千万年。山狂暴时，水便化作激流奔腾而下；山连绵时，水便轻轻扬起波纹，水声潺潺。作为彼此的知己，他们不需要语言交流，只需要在广袤的大地上驰骋，奔腾，对方便可以心领神会。山需要水的诉说，水需要山的刚健。山中的水在层层跳跃，映着耀眼的光；水中的山在静静等候，万年不曾移步。

贵州是一片古老的土地，但散发着新生命的芬芳。这里拥有四十余个民族，孕育了种类不一的文化。有的被写在书上，有的被画在画中，有的却被遗失在滔滔河水中。稻田中银白色的鱼忽隐忽现，这或许是古人的智慧，或许是今人的发挥。

这是新中国诞生的伟大孕育之地，几十年前，共产党人曾经在此迈上征途，星星之火燃起，最终创下历史的辉煌。从此往后革命党人聚沙成塔，握指成拳，开创了新的道路。暴风雨后，在一片泥土的霉味中生发了生命的气息，新叶在舒展，小草在萌发。很快这里长起了一棵参天大树，它的绿荫笼罩了全中国。

直到今天，贵州的红色气息也未消退。烈士纪念碑上的雕塑仍然闪着坚毅的目光，一座座博物馆不断向后来之人讲述时光那头的故事。高楼大厦下边是古老战争的遗址，葱密树林下曾被志士的血液浸染。西风台上响起的悲壮歌声，或许将永远在山谷中回响。

这里新的生命正在茁壮成长，从古至今，每一次雨后都是焕然一新。人们生在山间水边，与树木共生，与鱼虫为伴——这是生命的和谐之美。美好的山水间流传着古老的故事——这是生命的传承之美；古老的故事孕育着新的生命——这是生命的不息之美。雨后的贵州，泥土散发着生命的气息，生生不息。

带上我的眼睛

高一（8）班　钟　鸣

游学前夕，我在家中绞尽脑汁地收拾东西、装点行囊，不禁想起了偶然间看到过的高考作文题目："行囊已经备好，开始一段新的旅程。路途漫漫，翻检行囊会发现，有的东西很快用到了，有的暂时用不上，有的想用而未曾准备，有的会一直伴随我们走向远方……"

那么，这个将"一直伴随我们走向远方"的会是什么呢？是金钱？是书本？是手机？在我看来，是我的眼睛。

我要带上我的眼睛去远行。

　　于我来说，视觉是最具冲击力，也是最直观的感觉。大多数情况下，"看见"远比"听见"要令人震撼得多。

　　在这次旅途中，我就看见了许多许多。

　　我看见麦田，我看见黄河，我看见蓝天下的满目金黄。在晃晃悠悠的绿皮火车上，我伏在窗边，看见金灿灿的麦田横无际涯，在河南、河北那广袤的大平原上井然地平铺开来，一直铺到天的那边。我早就听说中原土地平坦富饶，早就听说黄河滚滚无限壮丽，但千万个文字、千万篇文章的描写都不抵这天地之间的一次凝望。

　　我看见娄山关重峦叠嶂，峭壁绝立，巍峨险要，直入云霄。伫立在西风台上远眺，我看见峰丛间云蒸霞蔚，绿树从陡峭的绝壁上长出来，一片生机。我突然有了喊山、吟哦的冲动，与同学合唱的那一曲《忆秦娥·娄山关》仿佛是我与主席的一次灵魂共振，我仿佛能透过诗歌，看见主席的眼睛，看见主席眼底的万里江山。

　　回望登山客车带我们驶过的山路，曲曲折折，很快就遁入漫天的绿色之间，不见起点。在娄山关口，我看见四周层叠的高山，我看见山上的羊肠小道，默默想象着娄山关战役中，红军是以怎样的骁勇、怎样的坚毅攻下了这奇险的娄山关。我从小就听红军长征的故事，从小就知道红军长征，也从小就听说红军有多英勇刚强，但只有真正看见高山、真正爬过娄山关、真正重走长征路，我才能真正地体会到这份不易，真正地明白长征是一场奇迹，一场由战士们的不屈与牺牲精神谱写出来的铿锵战歌。

我看见黄果树瀑布水势盛大，飞流直下三千尺。小学课文上的一句"黄果树瀑布，真是一部大自然的杰作"，我当年朗读了一遍又一遍，但并未读进心里去。毕竟中国地大物博，奇花异草仙山秀水不计其数，一个瀑布而已，能有多震撼呢？然而真正站在黄果树瀑布脚下，看见水流如白娟般倾泻而下，看见水汽从山水交界处迷蒙地腾起，我突然就感受到了所谓的"鬼斧神工"的魅力。透过泻落到人间的银河，我感受到在大自然面前，人类是如此渺小。那些描述瀑布长宽高的抽象数字一下子变得具象化，可观并摄人心魄。我想起班长的观点：我们在观瀑布，也在观自己的心。

我看见中国天眼，看见大窝凼群山环绕。徒步行军于天眼所处的静默的无人区内，我看见路旁高高的玉米秆，看见山上黑白两色的岩石，看见拔地而起的峰丛峰林，看见山上巨大的溶洞，看见溶洞里少许的钟乳石。我在地理书上见过的那些奇景真切地呈现在我眼前，经过千万年的淋溶、侵蚀、堆积才成型的喀斯特地貌就这样进入我的视线。

我看见那口500米口径的"大锅"安静地躺在群山的怀抱里，躺在缭绕的云雾之间。几千块反射面板泛着金属的光泽，馈源舱被钢索牵着，在同学们的注视下缓缓升起，开始聆听来自宇宙的歌声。原来五百米有这么宽，原来被称为"国之重器"的这台射电望远镜是这么的庞大。我趴在瞭望台的栏杆上久久凝视着银白色的中国天眼，这份震撼，是单看照片完全不能体会到的。

我看见的远不止这么多。我还看见遵义会议的旧址，天文小镇那沉寂的夜，天星桥上硕大的昆虫，穿着民族服饰的贵州人民那幸福的笑……我看见天地，我看见山水，我看见万物生灵。

贵州之行有太多令我难忘的场景，我喜爱贵州的山，但山是载不动的；我喜爱贵州的水，但水是带不走的；我喜爱贵州的人，但人只能存在于记忆中了。文字太单薄，书本是写不下贵州的；照片会失真，手机是记不住贵州的。但我的眼睛可以，我的眼睛可以看见这山水苍茫，自然也可以记得住这天地悠悠。

带上眼睛去远行吧，不仅去贵州，也去他乡、去远方、去每一处天地悠悠山海苍茫。

眼睛，就是我的行囊。

岁月骛过，山陵浸远

高一（9）班 魏珣璕

人在山中漫游，山在心中留痕。即使同在贵州，各地的山也大有不同。

天心桥景区里是精美秀气的喀斯特地貌，是很有特色的"水中石，台上水"。静水中，淤泥很深很浓稠；流水中，有红色三角形小石子。著名景点如美女榕、侧身崖等观赏性不强，反而是那些被青苔覆盖、毛茸茸的大石和不知源头、星罗棋布的明暗河与各样昆虫更能引起我的兴趣。而徒步走过的天坑群则更显宏伟、宽广。进入天坑群，你更能体会到这一点。一个个苍翠的"馒头"堆在一起，或疏或密，底部连成一片，再随意砸上几个坑，便成了贵州的山。真正徒步于荒山野岭之间，是与在山岭外所观赏的不同的。你能看到细节：那里面有瀑布，各样的野花乔木，粉蓝相间的蝴蝶，不断跳跃的松鼠，你看到自然，看到贵州风光；那里有零零落落的黑色小球，棕色草迹印在道上，黑色与棕色的山羊群，成片的铺展的玉米高粱，青色的葡萄串，粉中透绿的杏子，你看到乡间的烟火气，看到贵州风土。当无人时，登上天眼瞭望台的第三级平台，看到天眼嵌在天坑中，你会体悟自然与人的和谐。当时的我，脑海中只有一句诗："凉风有信，风月无边。"

游学，游景，也学中国社会。

这几天最让人耳目一新的，是突然轰击的仿真地雷和噼里啪啦的枪炮。我也是被这些道具吓到的群众之一。这一现象引发了我的深思。当2021年的我们在座位上一次又一次被假把式吓到、缩头、激灵的时候，那一时期的中国青年们却在枪林弹雨中勇往直前。当枪炮轰击时，他们首先想到的不是害怕，而是如何在这种情景下与敌人周旋，最终求得生的机会。

　　酸汤鱼很好吃，很有贵州当地特色。咕嘟冒泡的橙红色酸汤中，鲜鱼块时隐时现，加上特别的"酸气"，只是一闻，就不禁舔了舔嘴唇。当然入口时，酸汤鱼也没有让我失望：鱼滑滑嫩嫩的，酸味掩盖了腥气、提了鲜味，蘑菇多汁味浓……贵州美食固然好吃，但若没有十人围坐一桌的温暖气氛，那酸汤鱼也不会那么美味了。在景区里，我们寻问石头顶端为何长有仙人掌，寻问布依族的奶奶一种黄中透粉的果子的名字叫什么。

　　天文馆内，灯光炫目，讲解易懂，还有可以一起观看的球顶电影，令人印象深刻。后来，我们沿着徒步的道路，乘着车来到瞭望台所在的山脚下，冒着渐大的雨势，逐渐向山上登去。七百余台阶，长长的队伍蔓延到山下，雨衣五颜六色的，在灰暗的云海下，更加绚丽多彩，我们也成了一道风景。徒步时，抚摸嶙峋的石灰石，偶遇喷泉，发现粉蓝蝴蝶……去时静默，归来笑闹，山川染上了我们的喧闹，似那漫过山岭的薄雾，在山间一层层荡漾开去。

　　乘坐绿皮火车是一次有意思且值得体验的经历。开始上车时就觉得有点拥挤，左侧是单行过道，右侧是六人一隔间的三层卧铺。我住在上铺，宋一诺在中铺，赵韵嘉在另一侧的下铺。上、中铺因高度太矮，除却睡觉几乎什么都不能干，因此提供了五六位同学挤在下铺的机会。因为周遭的一切都充满了新鲜感，不太愿意写作业，所以我、宋一诺、赵韵嘉和汪夕滟就坐在一起唱歌，唱《橘子汽水》《夏天的风》，还有好多我听过会唱却怎么也想不起来名字的歌。清甜的浅吟和风声、列车与轨道的摩擦声，伴随着尤克里里的颤动溢出古旧的车厢，散落山间的小村庄。听者惊艳，唱者呢喃，我既是听者也是唱者，放空着思绪，却也想着：或许青春就是一首散落在林间的诗句，纯粹而缥缈。我们谈"恋爱""护肤""未来"，我们互相买水，买吃的，每一个人都在火车上摆脱了心理上的拘束，感觉人与人之间的关系又近了许多。后来我画了一幅关于火车的小画，决定配文时，想了又想，最后写道：岁月骛过，山陵浸远。可以说，我那时的心境就在于此了，如水一般青碧浓烈肆意，却清柔内敛，又仿佛海纳百川。

岁月骛过，山陵浸远。高考正在进行中，我们也在一秒一秒地长大，学生时代的欢笑正在倒计时，那一刻，你又有没有感到片刻的忧伤呢？岁月流逝，是义无反顾地前行还是回首留恋，我似乎不能给出明确的答案，你呢？

贵州游学总结报告

高一（9）班　朱皓然

高一年级 8—10 班为期七天的贵州游学结束了，下面我将就本次游学做一个陈述性总结报告。

火车上

我们启程去贵州的火车是绿皮火车：狭小的床铺空间、闷湿的空气以及供不应求的插座，这是我以及很多"娇生惯养"的同学所不曾体会过的经历。说实话，绿皮火车我只在初中同学的作文里见过一次，它俨然成为20世纪八九十年代的一个象征，没想到今时今日还能看到它们。二十九个小时的漫长车程于我而言像是一次小小的假期，虽然有不少作业，但悠闲的心情是无可比拟的，或是写作业，或是看小说，或是看风景……车厢里充斥着同学们的欢声笑语和脚步声。有许多身影飞似的穿过我们包厢，也有人嬉皮笑脸地进来打招呼。大多数时候，同学们占满了走道上靠窗的一排折叠小椅子，就着床边的小桌子，画画、唱歌、背古文，不亦乐乎。慢悠悠的绿皮火车从北京驶向遵义，我们跨过黄河和长江，越过农田和高山，向贵州走来。

娄山关

登上娄山关，迈步西风台，烈日当头，我们三个班挤在红军铜雕像旁边，与嗡嗡叫的航拍无人机大眼瞪小眼。我们要站在西风台唱《忆秦娥·娄山关》，就像陕西线的同学在黄河边上唱《黄河大合唱》，这样的经历是绝对神圣而肃穆的。"雄关漫道真如铁，而今迈步从头越，从头越……"我们的歌声飘扬在风中，引得其他游客纷纷驻足聆听。这里，西风台血红的题字之下蕴含的历史，鲜红而厚重，漫漫长征路上的红军战士们曾在这里打赢了红军长征以来的第一个大胜仗。那隔着岁月的鲜血与欢呼声，不知各位吟唱的同学们是否感受到了。如今，四海安定，国家繁荣昌盛，我们这一代人不曾经历过战争，不必走那万里长征路，但我们有属于我们这个时代的新的征程，我们也将担负起影响国家命运的责任，就如曾经走在雄关漫道的红军战士们，而今迈步从头越，从头越……

黄果树大瀑布

黄果树大瀑布位于贵州安顺，属于喀斯特地貌的典型瀑布。我们走过许多级台阶，穿过许多条小路，随处可见青藤翠蔓，随时可看叮咚泉水从岩石上飞流而下，汇入脚下奔流不息的水中。就这样，我们一行人零零散散地走到了黄果树大瀑布的脚下。我们仰望它，场面很是壮观，瀑布沿最高的峭壁一泻而下，激起白色的浪花，在河床上腾起一片白茫茫的水雾，细密的水点打在观景台上，像是天空下起了蒙蒙小雨。低处的水流依然奔涌不息，顺着台阶似的岩石层层递进，流向不可望的远方，流进山水相映的画卷之中。每当我们看到这种自然奇观时，总是为之感叹，因之心旷神怡，这也让我们想起，我们来自自然，也终将归于自然，我们是大自然的一部分。

中国天眼

我们这条线路其实算是去了两次天眼。第一次是徒步，刚刚碰到大门就开始打道回府，而第二次才真正看见了世界上最大的单口径射电望远镜的真容。第一天下午，我们耗时三四个小时徒步往返近二十公里。可是在十年前，连我们脚下的公路都没有的时候，却有一群令人敬畏的人们，在六年的地址探索之后毅然决然地走入贵州平塘的大山中，开始一段鲜为人知的伟大建设。我站在瞭望台上，看着天眼中央的馈源舱被六根钢索缓缓地吊起，看着雨雾缭绕在六根支撑柱周围，也看到天眼中央的控制台上有芝麻大小的人走走停停。500米的口径其实一眼就望到头了，但这个被夹在无垠的群山间的渺小而先进的中国人的杰作却在探索着浩瀚无垠的太空。茫茫宇宙，我们何其渺小，可生命的意义就在于不断地探索，我们的前辈做到了，我们也必将继往开来。有人说"宇宙是人类的终极浪漫"，或许探索宇宙的意义是我们一生都要思考的问题。

诚如叶长军老师所说，一次游学，改变一生。在贵州游学中，我深入了解了伟大的红色岁月，亲眼见识了大自然的宏伟奇观，也见证了国家科技的创新发展。历史、自然、科技，它们组成了我们国家的过去与现状，也为我们国家的未来搭好了一条目标清晰的路。而我们就是要走上这条路去建设国家未来的人。我们铭记历史，是要清楚自己从哪里来，我们游览山川，是要知道自己在何方，而我们开眼看世界，是为了明确自己该做什么。

穿山破雾

高一（10）班　王兆宇

贵州的山水清秀而灵巧，多雨的气候和独特的喀斯特地貌在这里会合，令人不禁觉得南国之景都应是如此朦胧多姿。阵阵清风不时掠过，浅浅的日光照得人心情分外明朗。午前乘车到达平塘天文小镇后，我们在酒店稍作休整，整理行囊，下午在如丝如毛的细雨中踏上了二十公里的徒步之旅，奔赴中国天眼。

两次安检之后，我们进入天眼的电磁波核心区，方圆五公里内无线电静默。从这里开始，近两百余名师生组成的纵队在山间的柏油马路上静静地行进，没有人说话。翠绿色的峰丛一望无际，远山淡得像水墨画，峰峦高耸，融入澄澈的天。有浓雾缭绕在没有边界的山与云之间，似是起火生烟，缥缈又令人心生敬意——大自然无限壮美雄阔。山水皆安静，而我们在聆听自己内心的声音。和身边的同学默默并肩同行，脚下的路如长龙侧身静卧。穿过群山，拨开云雾，这时我不禁想起在来时的大巴车上，导游曾提道："他（南仁东）为了建这个 FAST 花了整整二十二年，光选址就选了十二年。"

我走着，突然意识到自己正凝视着十二年的时光。十二年，只为了这一个大窝凼。当年的科研团队为了选址，从1：50万的地形地质图看起，一个一个地找、一个一个地数，最终从一万多个"窝"中找出了现在天眼所在的"窝"——地球最美的眼窝。这里地貌最接近天眼的造型，工程开挖量最小；喀斯特地貌可以保障雨水向地下渗透，不会在表面淤积而损坏和腐蚀望远镜；方圆五公里之内没有一个乡镇，无线电环境理想。无论怎么看，这里都是最适合建造天眼的地方。

我继续走着，追忆南仁东先生的后半生，眼睛渐渐湿润。脚下的路，是他那一辈人为我们铺的。但当时有谁去给他们铺路呢？

行程在无言中继续。走到四分之一时，一群占据了道路的小羊打破了同学们的静思，和我们一起徒步前行。它们一直咩咩地叫着，惹得大家忍俊不禁，气氛变得活跃起来。山间的云静静注视这人羊同行的场景，看一队少年乐享其中。羊群没跟着我们走多远，但显然，这短短的同行之路让每个同学都感觉自己离大自然其实很近，很近。

我想，十二年前，先辈们是满怀着期待和向往走入山中，为建设祖国而奋斗的。反观自身，虽然我们是一群在钢筋混凝土里长大的孩子，但我们没有被惯坏。我们仍旧愿意沿着前人曾走过的道路接续前行。

前人栽树，后人乘凉，马上就要轮到我们种树了。我在群山中望眼欲穿，在万籁俱寂中意识到了未来自己肩上沉甸甸的责任：祖国等待着你去建设。有更多的山等待着你去翻越，有更多的迷雾需要你去拨开。这不是一次简单的徒步，也不仅仅是为了锻炼同学们的意志品质。我们是第一支徒步到达中国天眼的"第一道关卡"的队伍，我们也是未来建设国家的主力军。走过这蜿蜒的路，才能更好地看清前进的方向，充满动力地奔向未来。

这次徒步，如果说前一半行程是留给我们独立思考的，那后一半行程就是留给大家一起交流感想的。大家都很累，但没有一个人掉队，我们相互加油鼓劲，没有人轻言放弃。

路漫漫其修远兮，吾辈应不忘前人的血泪汗水，自立自强，上下求索。

红色史诗

高一（10）班　许可昕

贵州游学一遭，着实给我太多的体悟。红色圣地，让我切身体会到当年红军取得胜利的艰辛；徒步观景，让我沉醉于独特景观的同时也锻炼了意志；天眼观星，让我慨叹宇宙茫茫而自身渺渺。

夜未央，当我辗转反侧，仰望星辰，思考着究竟是什么让我体悟最为深刻之时，一颗耀眼的红星在我脑海中浮现，久久不散。我知道，那是娄山关大捷的实景演出。

最初听到需要观赏一场演出的时候，我心里着实不以为意。我幻想着，也许就是一群人穿戴着军装，迈着坚定的步伐向前行进。我抬起头，准备验证自己的猜想。

猜想在那一声炮火轰鸣中四分五裂，消散如烟。每个人都仿佛走入了属于自己的那个角色，他们就是曾经的他们，他们在硝烟中灰头土脸，却不肯放弃任何一个能够打倒敌人的机会。他们的眼神清澈而透亮，充满希望。

最让我印象深刻的是一营长舍身炸敌。枪林弹雨中，已然有不少红军战士牺牲在前了，但一营长仍艰难地行进着，只是希望能够离敌营近一点，再近一点。终于，他一扬手，手榴弹向敌营飞去，炸出一片四散的火花。

可是，一营长却再也走不动了。飞进的碎片深深地陷入他的血肉之中，淋漓鲜血在他的衣服前染红一大片。他终究还是倒下了，倒在了一个小战士的怀里。小战士悲痛欲绝，大喊着："一营长——你醒醒——你醒醒……"声音逐渐低沉，最终竟是有了些许哭腔。我的心被狠狠地揪了起来，有着说不出来的难过。

翻开沉重的历史卷轴，我总是能找到"大捷""惜败"等字眼。望见胜利，我总是欢欣鼓舞，然而，我却不能意识到，纵然是大捷，也是建立在无数人的牺牲之上的。战场上，总是有着无数的英雄，用喷薄而出的热血点染祖国的锦绣河山。

无数的中华儿女倒下了，但又有无数的中华儿女在硝烟炮火之中站了起来。他们前仆后继，就像是一束明亮灿烂的光，为风雨飘摇的中国，为那个黑色压抑的时代带来温暖与希望。

炮火在眼前炸开，硝烟在眼前弥漫，那一刻，我已不再是局外人，不再是以一种旁观者的视角审视他们的人生。极具冲击力的爆炸声和硝烟四起，使我好像也成为那个时代的一个青年，成为他们中的一分子，跟随着红军部队一起爬雪山过草地，经过一场又一场的战争，看惯了硝烟弥漫，听惯了子弹声声。我不再忧心自己的生命，我只忧心我的祖国母亲，我愿意为了她而献上我的生命。

很多东西都会被光阴洗得褪色，被日月洗得单薄，最终，只剩下一副苍白的躯壳，埋葬在时间的灰烬之中。时间会带走很多东西，唯有传承会使得当年之事永远流传，生生不息。

震惊世界的红色之路——长征，始终在人们的记忆之中留存着。其间的每一个过往都成为一个跳动的音符，最终谱写成一段壮丽的红色史诗。它们辗转成纸上的墨迹，印在人们心中，纵然陈旧，泛黄，也是永远的佳话，无人能舍弃。

前几天，我们在漫漫长路之中偶然提起，我们究竟应该追什么样的星。首先跃入我脑海的，还是红军小战士那一个个可爱的容颜。他们穿着带有补丁的衣服，蓬头垢面之下露出灿烂的笑容，但是他们才是最可爱的人。

他们是鲜活的，他们也是朦胧的。照片墙上，很多小战士因为牺牲太早没有留下任何照片让我们追忆，甚至有的连名字都没有留下来。然而，无论是有名英雄，还是无名英雄，当他将鲜血洒落在祖国这片土地之时，他就注定会被中华民族铭记。

红色史诗，由他们谱写；红色史诗，由我们延续。实景演出的那群人早已不再是他们自己了，他们已然成为当年的那群人。他们在他们身上重生，他们唤醒新的一代人。

贵州红色游学感受

高一（10）班　杨涵彬

随着中国天眼在视线中渐渐远去，本次科技班的贵州游学也接近了尾声，短短一周的时间我们尽情欢笑，也收获了一些感悟。

贵州之行，我感受到了家国天下的情怀。遵义会议会址中，我们体悟了伟大转折，了解了红军长征的足迹。从黎平会议、猴场会议、遵义会议再到苟坝会议，以毛泽东为首的一批英勇果断、坚毅负责的共产党人总揽全局，指挥着红军战士们血战乌江，四渡赤水，爬雪山、过草地，最终取得长征的胜利。他们以一种兼济天下、救民众于水火之中的高尚情怀在关键时刻挽救了党，挽救了红军，挽救了中国革命。红军烈士墓碑前，同学们神情庄严肃穆，手捧高洁的鲜花，誓言激昂慷慨。身临红色圣地，激发了同学们心中家国天下的情怀。

贵州之行,我体悟到舍我其谁的担当。第五次反"围剿"失利后,毛泽东勇敢指出战略问题,并主动承担起领导红军战斗的重要使命。登上雄伟的娄山关,我们在西风台上引吭高歌《忆秦娥·娄山关》,青春昂扬的歌声回荡在古老的红色圣地,使我们更加坚定地担当起不忘初心,继续建设伟大祖国的光荣任务。走进娄山关战斗遗迹,踏上摇晃的木板桥,步入苍翠的红军林,我仿佛目睹了一位位红军战士手提步枪,在巍峨的群山之间奋勇冲锋。"雄关漫道真如铁,而今迈步从头越",重走长征漫道,鼓舞了同学们心中舍我其谁的担当。

贵州之行,我感受到祖国山河的壮美。登临娄山关,乳白的云朵在蔚蓝色的天穹中自由穿梭,苍翠的青山在云雾的缭绕中若隐若现,飘扬的五星红旗在阳光的映衬下熠熠生辉。身处天星桥,亚热带榕木在蜿蜒曲折的路旁挥手相迎,潺潺的清澈溪水在青砖下舒畅流淌,碧绿的天星湖在绿树的怀抱下静卧。置身大瀑布脚下,乳白色的清流从悬崖上飞速奔下,重重地拍在灰黑的石床上。凝视着眼前的大瀑布,聆听着天籁之,我的心也融化在这水雾之中。漫步在雨后的天眼核心区,原生态的喀斯特山水陪伴我们完成二十公里"行军"。青山绿水间,同学们欣赏了祖国山河的壮美。

贵州之行,我领会到了祖国科技的进步。进入天文小镇,屈原"天问"的塑像体现了我国古人对未知星空的思考与探索;从甘德到张衡,从郭守敬到南仁东,一代代祖国"天文人"汇聚成了天文体验馆中璀璨的群星；绚丽梦幻的天文互动厅更激发了同学们对未知星空的无限向往。拾级登上瞭望台，银白光泽的"中国天眼"映入眼帘。随着馈源舱在六根铁锁的牵引下缓缓离开"锅底"，众人围在栏边，静候来自外太空的"天籁之音"。登临"大国重器"，同学们见证了祖国科技的进步。

"百年征程波澜壮阔，百年初心历久弥坚"，愿我们都能不忘初心，怀揣着游学的深刻感悟踏上新的征途。

旅程还没结束

高一（10）班 王智荣

高考周里，科技班的同学们以"青春向党，奋斗强国"为核心，开展了以"雄关漫道真如铁，而今迈步从头越"贯穿始终的贵州游学。本次游学主要分为三大部分：遵义会议与长征精神、黄果树瀑布与自然风光、天文小镇与科技魅力。虽说这三大主题看上去是相互独立的，但实际上却彼此渗透，不可分割。

在前两天的行程中，我们参观了遵义会议会址，也领略了娄山关大捷的壮烈。陈列馆中一件件展品静静地躺着，似乎在倾诉着当年那段惨烈却又壮阔的历史；烈士纪念碑毅然地矗立着，铭记着千千万万为革命事业而牺牲的红军战士、伟大领袖；娄山关下西风台，洪亮的红歌也表达着我们对英雄们的祭奠与敬意。在那里，我们了解到了他们的伟大，却似乎总感觉少了点真实的体会。

直到最后两天在天文小镇，我才对他们有了更进一步的认识。雨刚停，深山里弥漫着一层渺茫的雾气，将山谷笼罩上一丝清爽，一幅"空山新雨后"之景象。踏上徒步之旅，在纪律的要求下大家都步行严整，不敢懈怠。一路上，只听得脚步声与鸟鸣声，还有羊叫的意外惊喜。刚行了五公里，就不觉有些疲惫，膝盖僵硬，但还是随着队伍又继续向前，到了距离原本的终点七公里处，突然得知还有两公里便能到达中国天眼这一国之重器的第一道警卫线，前去探一探的渴望愈发忍不住了。"你们是自中国天眼建成以来第一批从山下徒步到那里的人。"我站在警卫区前，大口地喝着水，背后的校服早已被汗水浸湿，小腿肌肉紧紧收缩着，隐隐作痛，包带也将双肩勒得生红。下山时一路聊着，便也不觉得。第二天从半山腰，如同开了四倍速般，仅用了不到十分钟，便爬了七百余级台阶去见 FAST。站在观景台上，早已是气喘吁吁，双腿打战。

"红军翻过了多少座雪山？"当自己感受着不及别人艰辛的万分之一，却已经十分辛劳的时候，才更能感受到他们的经历的难能可贵。于我们而言，周围有老师提醒保护，路上有资源补给，出了意外有紧急救援，累了可以稍作休息。但红军呢？面对敌人随时的埋伏和突袭，面对为占领关隘的连夜行军，面对队友相继在战场上、在自己身旁倒下，面对这天险娄山关翻涌赤水河，他们别无退路，更确切地说，他们绝不会因艰难而给自己留退路。游学，让我们从身体上、精神上加深对长征精神的理解，但或许我们永远无法真正感同身受，毕竟我们如今所处的社会，是一代代无畏牺牲的英烈靠生命所创造的。

2017 年，有一个令我无法理解的事实刺痛了我：当年，热搜上，南仁东先生逝世的消息仅二十分钟不到便被娱乐圈一恋爱消息吞没。南仁东先生，中国天眼总设计师，在那个几乎无人理解、无人支持的年代，历时二十二年，走遍大半个中国，倾注近半生心血，立项建成了具有中国自主知识产权，也是目前世界上最大单口径、最灵敏的射电望远镜——中国天眼（FAST）。"南老打开了中国天眼，却闭上了自己的眼睛。"可悲的是，这样一位大国工匠，却不被很多人熟知。我认为这件事，合理，但不合情。热搜固然反映的是大多数当代青年人的喜好，但并不代表其反映出的现象一定是正确的，相反，它会揭露沉沦的事实。我们的生活中当然可以有娱乐，但不应因为娱乐圈的"热闹"，而使那么多默默无闻为国一生献身的科研工作者被抛之脑后。这是一个民族信仰的缺失，也是一个国家精神的可悲。青年是建设社会的一大力量，当青年人的价值观扭曲时，我很疑惑他们是否还能保住那些仅存的正确。游学给了我们一个机会，使我们感受了前人所经历的纷繁复杂的社会。在"西风台旁小卖铺是否恰当""红军军装售卖是否应更加完备庄重"等话题的讨论下，我们认识到社会中应该被严肃对待的问题，锻炼着我们从事情的两面性和不同角色的视角，去找寻矛盾中的平衡的能力。

这是游学区别于旅游的意义。我们在游中学，聆听跨越世纪的呼唤，反思着现代社会的缺憾。然后在结束这段旅程的同时，踏上一段新的旅程。

游学有感

高一（10）班　杨梦迪

6月6日我们如期踏上了贵州之旅。本次旅行的主题为红色与科技，而贯彻始终的，是徒步这个艰巨的项目。

本次红色游学，我们来到贵州重走长征路。长征似乎在时间与空间上都与我们相隔甚远，但细细想来，它所传承的精神却与我们有着千丝万缕的关系，它应渗透在我们的每个血管中。不管是在天文小镇的近二十公里的徒步，还是为时一个上午的娄山关徒步，与红军的长征相比都是微不足道的。在每次的徒步中，我都能感到脚底发麻、膝盖作痛。而当痛感一涌而上之时，我总想找机会让自己停下来休息一会儿，但看到同伴们也都在咬牙坚持，想到红军战士们在恶劣的环境中迈步向前、不畏艰辛，他们中有与我们年龄相仿的，甚至还有比我们小的，既然他们能凭借自己坚强的意志走完长征路，我们又有什么理由选择后退和放弃？是同伴们的陪伴与前辈们的典范力量支撑着我走完了此次游学的所有徒步。我相信在经过本次游学的洗礼后，长征精神所传达的不怕累不怕苦的精神品质将一直激励着我们砥砺前行！

所谓游学，便是要在"游"中"学"，而听讲解是"学"的不二选择（在这里我要表达一下自己对陈导的敬佩之意，有关贵州的红色故事、民族风情，陈导可谓是张口就能讲，而且故事总是引人入胜）。那下面我就来说一说那些给我留下了深刻印象的场景和故事。还记得娄山关红军战斗遗址陈列馆结尾处的红军长征将领墙吗？那面墙上的一些人未能成功地走到最后，更有甚者连一张照片都不曾留下，他们把自己的身躯留在了长征途中，把自己的青春留给了党和人民！我想，在死亡来临的前一秒，他们也未曾后悔自己做出的选择，因为，深深埋在他们心中的，是一种无坚不摧的力量——信仰。这种力量在下午的娄山关大捷表演中更是体现得淋漓尽致：一排长不幸牺牲，而他的妻子在刚刚分娩后就得知了这如晴天霹雳般的消息，这位红军女战士悲痛欲绝，在大家的多次劝说下，她还是选择了将孩子留下，由当地的居民帮忙抚养，自己则带着丈夫生前的愿望和自己的信仰跟着红军继续长征。为了让广大人民群众当家作主、过上更美好的生活，这位红军女战士在家庭与信仰中毫不犹豫地选择了信仰，并努力为之贡献自己的全部力量。另一个令我记忆犹新的事件说起来更引人深思。中国天眼的总设计师——南仁东老先生为建设一个属于中国自己的、领先于世界的球面射电望远镜奔波了整整二十二年，而当他永世长眠的时候，这一消息竟然只在腾讯头条上留存了二十分钟，更令人不解的是，取而代之的竟然是明星谈恋爱这一无足轻重的消息。在现在这个信息高度发达的时代，我们可以去追星，但我们更应去关注像南仁东、袁隆平、邓稼先等为祖国做出过巨大贡献的老一辈科学家们，没有他们的辛勤付出，就不会有我们如今的美好生活，他们的事迹和精神才是真正值得我们去了解和学习的。他们所生活的年代是贫穷和落后的，在他们的不断探索下，我们才有了如今的繁荣昌盛，但这并不代表我们可以懈怠下来、轻松享福，建设新时代的重担总有一天会落在我们的肩上，作为新时代的接班人，我们要努力向老一辈的科学家们靠拢，不求名垂青史，但求有一天在自己所擅长的领域发光发亮，从而引领下一代人继续努力拼搏、奋勇向前！

由于我们有很多时间是在大巴车上度过的，因此同学们对游学中的一些现象纷纷发表了自己的观点并碰撞出了思维的火花，如西风台上的小卖部和黄果树瀑布旁的小贩是否合情合理、集体游学与个人游学间的区别与联系，等等。在经过层层激烈的讨论后，同学们有各执己见的，也有达成共识的。随着参与的同学越来越多，大家的思维也越加发散，所考虑的因素也越加全面，这不仅促进了同学们之间的友谊，还加深了大家的思维深度，总而言之，大家都从中受益匪浅。

短短七天时间，不管是令人疲惫不堪的徒步，还是讲解员的优秀讲解，甚或是大家在大巴车上的激烈讨论，都在我们的印象中留下了不可磨灭的痕迹！

树和人

高一（10）班　杜奕扬

文明的跃进必然建立于自然的退却之上——这一点我曾深信不疑。随着蒸汽机的轰鸣，铁路纵贯于沃土；内燃机的衍生物于丛生的树木中割出满地沙砾的小路以供列车奔驰……我们曾经从林间高山走向原野，修筑起文明的丰碑；如今我们从城市走进群山，散播名为"文明"的种子。在站台候车昏昏沉沉的时候，我总会如此空想：倘若脚下的土地能发出声音的话……

这种念想并不长久，立即被离家的忧愁所掩盖，然而人类终究是群体动物，不能避免地在群体的欢愉中迷失了自己，咧嘴笑笑，看见四周一片灰色的迷雾也生不出什么悲天悯人的情绪，于是蹦跳着上了车，与清晨的晨光一路离西站而去。但久睡初醒时的念头总是郁积而不能解，以至于一时间百转千回，而无计消散。

和同窗相伴的旅程总是快活而又不自知于时间的。从作业里抬起头，或是说从手机中挣扎开，已是黄昏时分。我们正驶向交叠的群山，满地卷积的尘土与此起彼伏的护栏昭示着文明的边界。这边界并不分明，偶尔有探头的枝丫挑逗钢铁造物的神经，兼之不拘于轨道束缚的沙砾颠簸着列车的躯体，以至于乘客也随着火车抛起落下，一时间竟有些忐忑。然而工业时代的文明终归更加强劲，借着厚重的车体，体感还算舒适。

于是群山愈来愈近，文明愈来愈远。

脚下的土地愈发放肆地展现着它的狂野。摇摇欲坠的护栏旁边是张扬欲出的层林，被开拓者的机器碾平的土地再次变得凹凸，或许正是这一份不羁让土壤下的种子发芽：细小的枝干伸出土地，一次次被行驶的列车轧过而不能向上寸进，但它的躯干未曾折断，它的头颅仍然昂扬，如果被列车摧毁就是它的命运，那么它已与命运斗争许久，它未曾向命运低头。在这里，文明与自然交接，狂野与秩序并存。

我们驶入了群山。

张牙舞爪是对这里树木的最好形容。没人修剪的"手臂"肆意生长，无人看管的"族群"日益扩大，缠绕着护栏的藤蔓仿佛在向文明宣战，自然的生命挤压着钢铁轨道。身旁的群山被如此的森林掩盖，我第一次看见生命如此不羁地释放。屹立着的森林如大地孕育出的坚城般将钢铁造物的足迹挤压推回，形变的护栏仿佛是他们的胜利宣言。尽管工业产物给这片土地上的生命倾轧下了苦难，但土地仍然不屈。

从群山驶出，我们来到了贵州。

终日连绵的阴雨使公路也变得稍有些泥泞。我们选择用脚步丈量这片土地。踏上行程的第一步总是困难的，然而三两步之后的层峦叠嶂赋予了我继续走下去的勇气。行至两里处，入眼是泥浆的洪流——毕竟喀斯特地貌的熔岩并不总是坚固。这浊黄色的水流一路从山间流下，冲垮了岩石与杂草，不时被树木挡了去路而改道。最后埋没在泥浆下的是一片片的玉米地。这里的农民都喜欢种玉米，但贵州并不适合种玉米。被污水淹没，被乌云遮蔽了阳光，然而这里的玉米终究不屈，它们的产物我们早已在亚洲最大的瀑布旁见识、品尝。

　　这真是一片不羁的土地。谦逊的生命向我们说：我属于这里；狂野的生命向我们说：这里属于我。钻出土地的根须与缠绕的藤蔓无声地咆哮，阴云密布的山林中，玉米田无声地反抗，这份独一无二的苦难与艰辛正是孕育如此不屈意志的摇篮。如果被抛弃就是它们的命运，那么它们也向着这片土地、这份命运交出了自己的骄傲。尽管让暴风雨来得更猛烈些吧！这片土地不会屈服！

　　这是我最大的收获。

游学路上的遵义精神

高一（10）班　王孟卿

　　遵义会议是中国共产党生死攸关的转折点，它挽救了党，挽救了红军，也挽救了中国革命，是中国共产党从幼稚走向成熟的标志。而遵义精神，被纳入中国共产党人精神谱系第一批伟大精神。

遵义精神主要包含实事求是、独立自主、坚定信念、民主团结、务求必胜五个方面，对于中国革命和中国发展道路的探索有着很大的指导意义。遵义精神，不应该仅仅是一种标签，不应该仅仅是几个给人神圣感的字，而是应该成为每个杰出的中国人日常的行为指导。在本次"青春向党，奋斗强国"游学活动中，我们时刻真切地感受着遵义精神。

第五次反"围剿"失败后，我们的党进行了深刻的自我反思，认识到了军中"左"倾机会主义错误严重，进行了改革。正如毛泽东在《为人民服务》中提到的，"我们如果有缺点，就不怕别人批评指出。不管是什么人，谁向我们指出都行。只要你说得对，我们就改正。你说的办法对人民有好处，我们就照你的办"。出现错误就不怕受到批评，而是要面对错误积极改正，这就是遵义精神中的实事求是的精神。

一切从实际出发，不唯上，不唯书，只唯实；说实话，鼓实劲，办实事，这是实事求是精神的核心。在我们的生活中，也要实事求是，要按照一切事物的客观规律办事；要用宽广的眼光看社会，与时俱进；要在追求创新的同时求真务实；要对自己准确定位，实现远大目标。

遵义精神的第二方面是独立自主的精神。遵义会议上，以毛泽东同志为主要代表的党中央新的领导集体提出要走自己的道，而不能一味地听从共产国际的命令，走苏联道路。

历史证明了毛泽东等人的决策是正确的，因为只有"因地制宜"，才能取得成功。

对于中国共产党来说，遵义会议是中国共产党由幼稚走向成熟的重要标志。对于我们的国家来说，独立自主就是自己掌握自己的生存权和发展权，在国际事务中，我们要坚持独立自主的和平外交政策，在国内事务中，我们要坚持走自己的路，建设有中国特色的社会主义。由此可见独立自主的精神的重要性。

对于我们个人来说，独立自主的精神也非常重要。"青春向党，奋斗强国"游学活动就是培养我们独立自主的意识和能力的好机会。本次游学的任务分配给我留下了深刻的印象，游学中，每一位同学都有相关的任务，没有一个人是闲着的。同学们或负责策划，或负责编辑文稿，或负责搬运行李……这样的任务分配让所有同学都参与到了活动中，让每一位同学都有独立自主解决问题的机会。

参观天眼时，我们也体会和学习到了独立自主的精神。南仁东先生是中国天眼的总工程师，他领导团队在没有外界支持的情况下设计并建成了国之重器——中国天眼工程。在被采访到天眼"厉害在哪里"时，南仁东先生除了回答它领先于世界的技术外，还刻意强调了它是中国科学家独立自主钻研的成果。南老先生对于中国天眼最自豪的地方便是天眼没有接受发达国家的科技援助，是中国人自己的东西。中国人没有大型射电望远镜的时代过去了。南仁东先生带领团队钻研攻关，补齐了中国在这一方面的空缺，让世界人民认识到中国是有实力靠自己领先于世界的科技大国。

说到遵义精神中的坚定信念和务求必胜，相信最令大家自豪的便是徒步的完成。这次接近二十公里的徒步是同学们坚定信念的很好体现。踏上这条"长征"路时，大家有个共同的信念：走完。而在坚定了这一信念后，我们就都相信自己，必能取得最后的成功。在整个徒步过程中，没有一位同学掉队，没有一位同学放弃，所有人都整整齐齐安安静静地匀速行进。这就是坚定信念和务求必胜的精神在我们身上的体现。

这就是遵义精神在我们生活中的意义，它可以作为我们做每一件事的精神思想指导。本次游学加深了我们对遵义精神的认识，亲身体会到了遵义精神的重要性。相信大家不会忘记这次游学，更不会忘记遵义精神。

游学随感

高一（10）班　陈雨萱

游学结束了。

回到家，拖着疲惫的身子翻看游学的照片，有种恍若隔世的感觉。

一路走来，无论是导游、老师、同学的话还是自己的所见所闻，都引发着我深层次的思考。越想，越和同学交流，我越明白：面对一个问题，我想得太少，太简单。在此，记下自己的浅浅感想，算是对这次游学做个总结。

一

　　一路下来，给我冲击最大的就是贵州如璞玉般的自然风光。自小生在北京这座钢筋水泥森林里，初见如此气势，唯有"震撼"二字可以描摹。看到在北京被用作盆景的三角梅在贵州开得漫山遍野，感叹方寸瓷盆间娇弱的生命也能在山间烂漫得轰轰烈烈。登娄山关，置身于万顷林海之中，山静似太古，日长如小年，感叹这百年未变的山树成了岁月的沉淀。上黄果树，沐浴着瀑布下的霭霭水雾，听着千尺白练碎成乱琼雪浪，感叹天工奇绝，渺沧海之一粟。

　　现代化的发展打开了大山的屏障，有更多的人走出大山，改善了自己的生活条件，更改变了家庭的境遇。但许多这样的人累积起来，最直接的结果就是——我们与自然渐行渐远。我们向往更高、更新技术的同时，忘了回头看看最原始的自然的力量。

　　直到我们离开了人造的"梦境"，看到了层峦叠嶂的山、激流飞瀑的水，才意识到：所谓发展，不是建立起金山银山的屏障，隔绝绿水青山，而是走进绿水青山，再创造金山银山。

二

说来惭愧，所谓历史，在我脑海中存储的只是历史书上的条条背景、过程、意义。我以在这太平盛世，安稳年华下为借口辩解自己无法设身处地地感悟到历史的无力。

直到我看到博物馆的一件件展品，看到细节被放大的真真切切的历史，穿透已经被总结过无数遍的史实概括，任由那一个个时间的碎片在我眼前组合着，形成鲜明的历史图景。真的，只有看到大渡桥上小儿手臂般粗的铁索，看到门板上红军战士略显稚嫩的字迹，看到关于遵义会议的一份份文件，我才真正体会到什么叫大渡桥横铁索寒，什么叫长征是革命思想的播种机，什么叫生死攸关、力挽狂澜。

直到我参加了近二十公里的徒步活动，我才体会到什么叫行军——同样的时间内，路程比我们长不知多少倍，负重不知比我们重多少倍，穿着没我们精良，走路比我们严肃……虽然这样跨时空的对比不可同日而语，但体会过，就更知道敬佩和珍惜。

感悟——只有看过、体会过才配得上说感悟。所谓读万卷书不如行万里路，其实文字并不苍白，苍白的是未曾动过的感官。

三

"一颗用中国心点亮的灿烂明星"，这是关于南老的赞誉中我能找到的最动人的句子。

南老在采访中说道："我不怕苦，不怕死，我怕辜负了国家。"引用一句同学的话："他才是最不会辜负国家的人。"二十二年啊，人生能有几个二十二年？十二年选址，包揽从总设计师到电工的一切职务。FAST建成前，全中国都不知道南仁东这个名字；FAST建成后，面对国家给予的荣誉，南老却只有淡淡的一句："这不过是我的一点责任而已。"

在天眼发现的众多明星中，南老无疑是最闪耀的一颗。在广袤的华夏大地上，又有多少"南仁东"？他们叫邓稼先、叫袁隆平、叫屠呦呦……"家国天下的情怀，舍我其谁的担当""家国天下从来都不是个虚无缥缈的大词"。南仁东们以自己的担当、奉献诠释着"栋梁"一词的含义。

导游在大巴车上不无动情地说："我们应该追什么样的星？就应该追像南仁东老先生这样的星！"星子虽小，但它的光芒足以照耀无数后来者，在像宇宙一样广袤的大小领域中作出自己的一份贡献。

再次引用同学的一段话："我绝对不会注意有多少人能记住我，有多少书会把我写进去，因为我能为了我钟爱的、我崇敬的事业奋斗终生，足够了。"

足够了。为自己的梦，也为中国梦奋斗终生，应为毕生所愿。

尾声

结束了吗？结束了。尽管依依惜别，我还是回到了北京，回到了日常的学校生活，回到了我追逐梦想的地方。

结束了吗？并没有。这次游学带给我的思考会留在我的记忆深处，要走的路还长。

最后的最后，感谢一路同行的老师们、同学们和所有为这次游学付出的人，是你们构成了我高一印象最深刻的故事。有同学说自己此行学会了感恩，深以为然。

山高水远，来日方长。

第三章 甘肃线：丝路漫漫

——漫长征程 上下求索

一、每日行程

日期	活动地点	课程领域	活动内容	活动项目及目的
第一天 6月 5日	北京 ｜ 张掖 （火车）		全天	参考车次： 北京—张掖 Z179 21：04—22：44（行驶约25小时40分） 活动目的： 充分利用车程时间，通过预习《游学手册》，设置行前课题、分配活动小组等任务，养成"游学期间"学习的习惯，做到带着问题去游学 预习内容：《游学手册》，了解"丝绸之路"的前世今生
			乘火车前往张掖	
			用餐：××× 住宿：×××	
第二天 6月 6日	张掖 （火车）		全天	
			抵达张掖	
			用餐：××× 住宿：张掖	
第三天 6月 7日	张掖 ｜ 嘉峪关 （汽车）	爱国政治人文历史地理	上午	课程：观丹霞奇貌，忆西征悲歌 活动目的： 1.走进丹霞国家地质公园，了解丹霞地貌形成的原因、过程、分布；针对当地出现的一些不文明行为提出自己的看法与解决方案 2.参观"天下第一雄关"，聚焦跌宕起伏的历史命运，通过讲述还原这座城市的昨日与今天、辉煌与坎坷。从过去保家卫国的将军到现代奋斗无悔的建设者们，从这些平凡的人物中，感受厚重的历史文化、人文思想和浓厚爱国情与民族精神 预习内容：《七彩丹霞》、纪录片《丝绸之路》等 相关人物：张骞、卫青、霍去病
			参观丹霞国家地质公园	
			下午	
			乘车前往嘉峪关，参观嘉峪关关城	
			用餐：××× 住宿：嘉峪关	

续表

日期	活动地点	课程领域	活动内容	活动项目及目的
第四天 6月8日	嘉峪关 — 敦煌 （汽车）	人文 地理 历史	上午	课程：赏雄关巍峨，览汉唐胜迹 活动目的： 参观红西路军安西战役纪念馆，瞻仰革命先烈，聆听西路军可歌可泣的壮烈篇章。丰富知识，提高认识，升华思想，通过一系列活动庆祝建党100周年，回顾百年来我党的光辉历程 预习内容：纪录片《西路军》、影视《西风烈》 相关人物：徐向前、陈昌浩、董振堂、李卓然等
			乘车前往瓜州，参观中国工农红军西路军纪念馆（祭拜活动）	
			下午	
			乘车前往敦煌	
			用餐：××× 住宿：敦煌	
第五天 6月9日	敦煌 （汽车）	历史 地理 体育	全天	课程：毅行沙漠，挑战自我 活动目的： 通过徒步穿越，培养勇气担当，磨砺意志品质，提升团队责任感，懂得对生命的敬畏，树立正确的人生观、价值观 预习内容：纪录片《玄奘之路》等； 相关人物：玄奘等
			进行徒步活动	
			用餐：××× 住宿：敦煌	
第六天 6月10日	敦煌 （汽车）	人文 艺术 地理 历史	上午	课程：遇千年莫高，会沙泉相依 活动目的： 1.走进莫高窟，近距离感受莫高窟的神秘，了解莫高窟流传千年的原因及在敦煌建窟的原因，了解莫高窟的建筑艺术、壁画艺术、塑像艺术和飞天艺术，了解中国三大地域文化之一的敦煌学 2.走进鸣沙山、月牙泉，探索沙山与泉水共存的原因，探究鸣沙山响沙的原因及针对当地脆弱的生态环境提出切实可行的保护措施 预习内容：《道士塔》《莫高窟》《敦煌百年——一个民族的心灵历程》 相关人物：常书鸿等
			参观莫高窟	
			下午	
			参观鸣沙山月牙泉	
			用餐：××× 住宿：敦煌	

续表

日期	活动地点	课程领域	活动内容	活动项目及目的
第七天 6月 11日	敦煌 ｜ 北京 （飞机）		全天	参考航班： 敦煌—北京 CA1288 10：40—13：35 （飞行约2小时55分）
			乘飞机返回北京	
			用餐：××× 住宿：×××	

二、且行且思

游学有思

高一（11）班　吴璟淳

七天的甘肃游学终于告一段落。万事都比想象中要好得多。吃住条件都很好，行程也没有特别累。在此想谈的主要是两个话题：一是甘肃的城市建设；二是我们为什么要传承中国传统文化。

我对甘肃这个省份并不那么熟悉，所以这里提出的有关城市的问题和建议是完全建立在一个游客的视角上的。甘肃经济发展慢的原因一方面可能是它相对恶劣的气候和环境条件，另一方面是其开发时间晚，也有可能是因为它深居内陆，不便与外界进行经济上的沟通交流、贸易往来。然而，它所拥有且其他地区没有的，是丝绸之路的千年文化，其文化艺术应该代表着中国隋唐时期的顶尖水平。但令我不解的是，为何它的街道处处显示不出其博大精深的文化，取而代之的却是极低审美水平的各色建筑门脸？一眼望去全是起了土俗名称的店铺，其门脸采用大红大紫的配色，再加上横条纹和非主流图饰，若不说这是哪里，实在看不出是一座文化名城。有人说，这是为了帮扶小型个人企业。但在我看来，这样的帮扶并不高效高质。甘肃城市的价值并未被充分利用起来，店铺的实际收益也并不多。

我认为甘肃的管理层应该更重视城市文化建设方面，整修街道，使其自然地流露出属于甘肃的文化底蕴，让身处其中的游客和居民都获得更加舒心的体验。

其次，发展甘肃的经济刻不容缓。根据沃勒斯坦提出的世界体系理论，中国现在仍然是处于半外围国家，而甘肃的经济发展又比较落后，其仍然是以第一产业和第二产业为主，第三产业为辅的经济模式。对于甘肃来说，促进经济发展它的用地规划需要更加完善。

如若从宏观的城市系统中抽出几个模型作为思考角度，不妨参考一下其他国家的城市规划模型，甘肃的城市建设似乎更适合应用多核心城市模型，即设置多个中心商业区，从城市贯穿到乡村，并可以在乡村形成新的外围城市。在中心商业区周边可以设置轻工业区以及一些居民区，在最外围可设置重工业区。但需要在规划过程中明确划分好住宅、商业用地以及工业用地。这样可以促成同种城市用地和同职能建筑的聚集。如此规划的目的在于让甘肃各个城市在该省份中能够保持稳定的经济发展并带动整体经济。然而，对于甘肃来说，由于整个省份的地势狭长，城市间隔较为稀疏，因此并不适合应用重力模型。但可以根据克里斯泰勒于1933年所提出的中心位置理论作为参考，将甘肃的各个城市、城镇和村庄及其周围用地分割为六角形，并规划好交易地区的边界，以此来规划市场区域的形态。这样既能满足任何特定服务存在并保持盈利所需的人口规模下限，也可保证人们在一定的距离内获得特定商品或服务。

除此之外，甘肃还可将生态旅游业作为城市发展和规划的重要手段，利用该项目吸引外来游客并通过流入的资金来进一步发展基础设施。

这几天的行程，我最喜欢的还是莫高窟。美术一直不是很能打动我的艺术形式，但莫高窟的壁画，却像有一种魔力，要将我摄进去似的。其表现力不亚于现代的任意一幅作品。从十六国到繁荣开放的盛唐再到短命仓促的隋最终至明清，莫高窟的壁画将这些朝代的特质体现得淋漓尽致。仅从飞天来说，其形象的变革就已经能绘出一条历史的长河。以唐朝为例，唐朝社会风气开放，经济发展繁荣。中原人民的民族自信增强，飞天的肤色也由黑色变为中原人的黄色。飞天的姿势多样，有的优雅，有的遒劲。飞天的飘带轻盈随意地飘在身后，给人以安闲明快的氛围感。而隋朝统治者好大喜功，该王朝短命速亡，飞天的飘带褶皱更明显，飞行速度更快，急切浮躁的时代特征似乎能从一处小小的壁画中窥见。这样一条时代的长河，好像带我回到了人类审美最开始的地方，我好像有种找到"根"的感觉。

我欣赏艺术的最重要的原则是：能否在其中找到生命力，

能否从中感受到人们渴望美好的心情，能否传达出一种作者想要传递的情感。我无法想象，几千年以前人们用最原始的线条和绘图工具画出的形象能传达出如此的生命力。

保护传统文化的最主要的方式之一便是保存这些文物。只有将传统文化保护与传承下去，我们的民族才能有个性，才能让自身的个性飞扬。

游甘肃，归来有感

高一（11）班 黄梓琪

七天甘肃游学转瞬即逝。回家后可谓身心俱疲，昏睡了一整天。

傍晚被母亲叫醒，向我展示了班级中精选的文章，并稍带疑惑地问："对于这次游学，你究竟有什么样的所思所想呢？"不幸的是，我好像只能沉默。翻看着别人的游学笔记，再看看自己所"促就"的那篇文章，不禁慨叹。脑海里不断闪现着前几天的片段，却并没有曾经旅行结束后的那种做梦一样的回味和怀念。我明明认真地对待每一天了啊，我明明尝试去理解每一处目的地背后的意义了啊，我明明尝试从每一个活动中沉淀出可贵的感悟了啊。但为什么总感觉自己的心底，仍是那么空空如也呢？

睡前，突然收到开闭营式组鼎琨同学的消息，通知我速来参加语音会议，策划闭营式的最终流程。最终探讨结果是以三个关键词为线索，整理出整个甘肃游学的总结汇报。这三条线索分别是：自然、文化和红色，不过指代着三方面的关键词还未落定，留给我们来自行思考。本打算睡觉了，可有三个词忽地从心底最深处闪烁而出——山河、文明与"远征"。

随之喷薄欲出的，是我那仍以幻影的姿态穿游在甘肃大漠绿洲上重新找寻的情思。

一、山河

游学路上，首先映入眼帘的，必是甘肃之山河。

从坐在火车上起，我的眼中便不断涌入祖国的山河。横跨过横亘在温带大陆性气候的河套平原，才发现中游的黄河也有着开阔无边的部分，其浑黄的河水不倦地滋养着河岸两旁的农田和果林；回环过宁夏和甘肃间的荒凉丘陵，才发现即使是花败草枯的荒漠里，也有鹬鸟在罕见的小池塘旁戏水，有雉鸡在干枯的杂草丛中伸着脖子啼鸣，有鸢鹰在低空中盘旋；穿行过绵延如沉睡的巨龙般的山脉，才发现即使在久不降甘霖的高山脚下，也能种满成片的油菜花，灿灿的耀眼的黄色在阴沉的天空下仍然是无比鲜艳夺目。

游学途中的各种景色让我应接不暇。而最令我难以忘怀的山河美景非丹霞莫属。我们前去的丹霞名为"彩丘"，不过在我看来，"丹霞"这个名字更具美感——红色的霞光——

多么的生动形象！大巴车在丹霞彩丘间蜿蜒地徐徐前进，身边一座座红橙黄色相间的丘陵飘过，如置身于千米高空中，穿过被晚霞染红的火烧云朵，很是梦幻。据资料显示，丹霞的缕缕彩色纹路，是在不同的时代形成的。也就是说，每一种颜色都记录着一个漫长的时代，就像树的年轮，孜孜不倦地记录着生命的延续。在那之后，我们还看到了许多令人惊叹的边陲风光：嘉峪关远处的雪山冰峰，茫茫荒漠上的"风蚀蘑菇"，以及鸣沙山那完全由细沙堆积成的一座又一座沙山……

丹霞的每一条纹都记录着一个沉睡了的年代，冰峰上的每一片雪都记录着曾经在高山之巅降下的雨雪，沙山中的每一粒沙都记录着从西域吹来的滚烫的热风。正是这一个个微小的元素，构成了我们眼前的壮美山河。反过来说，这些壮美山河，不正是每一个年代、每一次雨雪、每一场风沙所踏出的足迹吗？

属于自然的一部分的人类，其足迹在哪里呢？

二、文明

甘肃的文明，是中国文明所必不可少的一部分，嘉峪关和莫高窟更是其中之精华。

嘉峪关被称为天下第一雄关。其城墙之高，建筑之敦厚，以及不远处能看到的连绵的冰山无不向我们展示其"雄"。站在嘉峪关城中央，踏着百年前将士们练兵远征时踏过的土地，深吸一口气，那所向披靡的军队整齐划一的脚步声在我的耳畔不断回荡。走出嘉峪关主楼，我们便正式踏出了古中国的国界。踩着被沉重的兵车轧出的深深的车辙印，景观瞬间变得开阔起来。我极目远眺，望向无际的广阔的平原。古代那无数的王侯将相，就曾满腔豪情地站在我身后那座高高的城楼上，同我一般远眺，渴望着眼前的平原终有一日为自己的国家所有；历史上无数的骁兵猛将，就曾气势非凡地站在我面前的开阔平地，同我一般远眺，虽挥起手中的金戈，直指平原的那一头，却期盼着和平能早日来到。如今我们站在这里，站在早已属于中华民族的这里，站在不时传来幸福的欢声笑语的这里——这也是我们对那些对这一幕有过梦想的人们的最好回应了吧。

莫高窟之行，我的的确确感受到了千百年来蕴藏在中华文化中的那份古朴、庄重，但在欣赏过程中也萌生了些许负面的思索。石窟里很多石像都是在清朝再次上色的，讲解员告诉我们："清朝许多人为了积功德，便为佛像上色。"但是看那些上完色的石像，生气全无，双眼透露出八股般的死气，让人不禁为之感到惋惜，更感觉这样的做法实在是可悲。

这些本是这次莫高窟之行留给我的近乎全部的印象，直到"文明"二字浮现于脑海，我才再一次回味了莫高窟中文明的气息。或许那胡乱的上色是私欲的体现，但回顾那九层高的大佛，修建它的人们是冒着生命危险，不顾一切地去修建的，这难道还能称作私欲吗？忽地，我仿佛感受到僧人乐尊在看到那佛光万丈下的三危山时的那份澎湃在心中的激动之情，仿佛看到每一个石窟完工后僧侣们望向壁画和佛像时虔诚的眼神——这不是私欲的表露，而是信仰的力量啊！那一尊尊佛像为何能代表着中国雕刻艺术，那一幅幅壁画为何能打动无数艺术家的心弦？不正是因为建造石窟的人们怀着无比坚实的信仰以及一颗颗无比虔诚的心吗？想起那时看着的那些氧化了的变成了沉默的黑色的颜料，如今却好像仍在散发着光芒，这是坚定不移的信仰的光芒；想起那时轻轻触碰的冰冷的墙壁，现在却似乎感受到涌动的温暖，这是沉淀已久的文明的温暖。

无论是澎湃在嘉峪关将士脑海的梦想，还是扎根在莫高僧侣心底的信仰，这一切一切激荡着的情思，终将在壮美山河中融合，交汇，文明就此诞生。

踏在文明之上，我即将远途跋涉。

三、"远征"

二十二公里的戈壁徒步，对于现在的我来说，已经能冠以"远征"的名号了。

起初听说要用一整天的时间在戈壁上徒步，我的内心是极度抗拒的。我能够想象在热浪滚滚的荒漠上艰难地迈出自己的双腿是一种怎样的感受——前半段的徒步也印证了我的想象是正确的：戈壁上一步一个沙坑，一抬腿便扬起一脚风沙，我就这样安静地走着，耳机里循环播放的振奋人心的音乐也无法让我的体力有些许的恢复，直到中午到达中途的大补给站才得以感受到真正的休息。其间支撑我走下去的也许只有不想提前上车的倔强以及不那么脆弱的意志。

下半段的徒步却有了大改观，我和其余八位同学一起掉了班级的队，于是九人决定一起前行。路上听着逍同学不时讲着令我们捧腹的笑话，望着几公里外若隐若现的终点——一片大树林，或去扒一扒某位同学的八卦新闻，或者捡起平整的石头比赛"打沙漂"，又或是去掀起龟裂的大地上的一整块地皮玩"徒手劈砖"。随性随玩，随走随笑，原本沉重的双腿竟慢慢轻快起来。

这次游学对于竞赛班的我们，夸张点来说也可以算是"三生有幸"了，因为这条线路是每届人文班的压轴之路。也正因此，旅途中我始终在寻找：什么是人文？一路旅行，风尘仆仆，归来时却仍未得到答案。不过现在，我终于明白：万古的山河记载着世界的故事，承载着文明；千百年来的情思交错而成的文明又让无数的"我"坚定意志，不断"远征"——而"我"留下的足迹就是人文。

人文带给我们一条与山河和文明相联系的纽带，我们虽吞吐不了山河之美，虽承担不了文明之重，但在这之中我们也必将留下一份足迹。虽然这份足迹可能不会有人察觉到其存在，但它也真实且永久地保存于山河之中，蕴含在文明之中，引领着更多人去发现，去探索，去追寻，去"远征"。

朝圣之行

高一（11）班 陈颖心

三毛曾说："心若没有栖息的地方，到哪里都是在流浪。"坐在火车窗边，耳机里放着舒缓的轻音乐，我清楚地知道这又是一次文化苦旅，也会是我人生中一次真正意义上的朝圣路。那一刻，捧着书，我心如止水，静待花开。

火车上一天的行程充实又有趣。清晨从颠簸中醒来，收拾好心情我开始了有条不紊的游学生活。再长的路，有书香鸟语、有好友欢笑相伴都会显得格外短暂。下午茶时光里，我和同学们挤在车厢狭小的空间里玩推理游戏和真心话大冒险，永不过时的游戏带给我们思维的碰撞以及迸发出友情的火花。林徽因说："真正的平静，不是避开车马喧嚣，而是在心中修篱种菊。"但为何要避开车马喧嚣呢？这一点人间烟火气才是我们渴望的生活啊。

下了火车，甘州为我们落下珍贵的雨滴作为最尊贵的欢迎仪式。正式游历名胜古迹的第一天，上午览丹霞地貌叹自然鬼斧神工。凝望彩色丘陵，那沧桑之感使我在刹那间从骄阳烈火掉入宁静幽远的深渊中——可谓是景静使心静而心静自然凉。下午游嘉峪关赞将士壮志豪情。站在高高的土城墙上，听着铁血古城里的柔情故事传说，看那远处的祁连雪山，心中可谓五味杂陈：既感念将士们浴血奋战，不破楼兰终不还的铮铮铁骨，又惦念戍边将士们孤寂的思乡军旅生活。

第二天到当地的瓜铺品尝过沙瓤的西瓜和甘甜的哈密瓜后，我怀着一颗敬畏和感恩的心来到红西路军安西战役纪念馆。松柏林拱卫下的烈士陵园和革命烈士纪念塔下，听了同学振奋人心的演讲，我不觉湿了眼眶。是啊，无数革命先烈为了我们的今天和未来甘愿抛头颅洒热血。作为新时代的少年和团员，我在心里暗下决心，我定会传承和延续红军精神，将无私奉献、心念他人的品质内化于心，外化于行，从而影响更多的人。让我们的革命前辈们在黄泉之下得以安息，让这盛世如今和未来都会如他们所愿。

第三天也是最磨炼意志、提升自我的一天。站在起始点，我对即将到来的二十二公里充满期待和向往，但终究是高估了自己的体能和戈壁滩的行走难度，在上午行程结束后落下队来。

与伙伴们结成断后组一起坚持完成的下午行程使我感触良多。我们不再执迷于赶路，在阳光的照耀下眺望着两旁的风景，我看到了连绵的沙丘，看到了龟裂的河床，看到了像风铃般生长在黄沙中的某种紫白色的小花，看到了一丛丛的荒草……方圆十里的景致可一眼望穿，让人感受到无比的空旷和渺小。这种一望无际的空旷也使人心里畅快得很，没有高大的树木遮挡视线，遥远的地平线与天空融为一体。蓝天上的白云，像是被风趣的画家用画笔晕染开了的，淡淡的、薄薄的，配着浅蓝色的天空，扑面而来的是一种与西北荒漠看似格格不入的淡雅气息。

惊叹于自然的壮美的同时，我更庆幸自己没有因奔波赶路而错失这良辰美景。在生活中，我们总相信不放弃，坚持不懈才是做事的正解，但有时退一步海阔天空，有时一定需要勇敢地放弃，这就是生活，这才是人生。奔跑能享受耳旁的清风与凉爽，但漫步带来的是无限美景和触动人心的发现。

苏轼有诗曰："但屈指西风几时来，又不道流年暗中偷换。"对于十六岁，正是花样少年的我们来说，美好的回忆是一生最珍贵的财富。而我心中的这段美好的回忆便是：无尽的荒漠中有我们一行人并肩前行，我们的影子在沙地中被拖得好长好长，盖住了深深浅浅的脚印，笑声和喘息声散在风里，绕着沙丘游荡久久不曾散去，最终九个有趣的灵魂携手冲过那为我们拉起的终点线。

最后一天是我心中朝圣的目的地——敦煌莫高窟。我对于莫高窟的初印象是满壁的壁画和彩塑，此次深入了解后，才为每个洞窟后的感人故事而赞叹。《繁星》中有一句话，"创造新陆地的不是那滚滚的波浪，却是它底下细小的泥沙"。莫高窟千年的辉煌和今日的无限崇大都来自历朝历代官商的出资、僧侣的虔诚和工匠的付出。今日我们朝拜莫高窟不是因为对佛教的信奉，而是对历史的学习和对前人工匠精神和智慧的体悟。

为期七天的红色游学活动使我着实受益匪浅，心怀感恩。

在旅途中，手捧书本，脚踏大地，体会着当今学子的"读万卷书，行万里路"。在这次文化苦旅中我与良师益友相伴，并肩走在各自的朝圣路上。苍穹之下，大漠之上；鲜衣怒马，奔赴远方，行至千里，也愿我们归来仍是少年。

丝路之旅的苦与乐

高一（11）班　符宇涵

第二次来到茫茫西北，同行的人不同，经历体验不同，感悟自然也有所不同，唯有那一望无际的戈壁沙漠与零零星星点缀的沙棘野草依旧在眼前蔓延开来。余秋雨先生评价此路乃是"文化苦旅"，我亦是如此认为的。丝路漫漫，绵延古今，文化于此发扬、交流、积淀，也于此绽放亮丽的光彩。但其自然环境的艰苦始终是文化传播的"拦路虎"。丝路之旅的苦，我想便在于环境的险恶吧。

尤其是体验了一整日的徒步穿越后，当年玄奘之路的苦已是不言而喻。每迈一步，脚便深深陷入沙砾中，细沙与粗石一下子滑向后面，鞋也就随之向后滑动，走一步退半步，心有余而力不足。心中为之恼怒，却也终是无济于事，速度也大打折扣。尚未至正午，烈日却早早便已爬上天空的中央。太阳爱这片土地爱得格外深沉，丝毫不肯躲入云中歇息半会儿，反倒把云全部赶跑了。很快，地面便已滚烫难以触摸，连包子或许也可以烤熟了。一日下来，汗流浃背，胸前身后如同被水淋洒一般湿，口干舌燥，嗓子如同被蒸出了烟，腿也确乎十分酸痛。一日徒步尚且如此，何况是玄奘西行呢？

　　游学途中，我从网上了解到，原来当年玄奘的西行，截然不同于我们在《西游记》中所看到的。所谓玄奘法师与唐太宗结拜为兄弟，为拯救黎民百姓，被唐太宗委以重任，都是虚构的。在真正的史册记载当中，玄奘和唐太宗连君臣都算不上，而玄奘西行也根本就没有得到唐太宗的同意，反而是被拒绝了，也就是说玄奘此番西行，其实是一场危险万分的偷渡。因此，玄奘西行不仅有环境上的艰难险阻，更有遭捕的危机。但玄奘为了解决佛学的问题，坚定决心，离开国都向着印度进发，追寻着理想、信念，克服重重困苦阻碍，最终求取真经，使文化得以传播至世界各地。"天将降大任于是人也，必先苦其心志，劳其筋骨……"成大事者必离不开吃苦耐劳的精神品质，这也正是文化苦旅的意义所在吧。

　　文化苦旅，固然是苦的。但苦的只是外在的环境，是自然的考验，心中依旧是乐的，是昂扬抖擞的。长途车上，我们学唱《七律·长征》："红军不怕远征难，万水千山只等闲。五岭逶迤腾细浪，乌蒙磅礴走泥丸。金沙水拍云崖暖，大渡桥横铁索寒。更喜岷山千里雪，三军过后尽开颜。"一字一句铿锵有力，满腔热血化作歌声嘹亮，响彻西北的苍天。一人领唱，众人附和，你一句我一句，时而悠扬时而苍劲，车上的时光便不再难熬，而是轻松、愉快，令人心向往之。登嘉峪关关城，已有些疲惫，但心中是雄壮无畏与自豪。几滴豆大雨点飞落，猛回首，身后一道彩虹腾空出现，斜斜地挂在关城一角，此真不愧天下第一雄关也！身在苦中心于乐中，苦中作乐，是自古以来走丝路的哲理。

苦旅是苦，但总是令人充满回味，欲将这苦与乐一代代传承下去。"谁与美人共浴沙河互为一天地，谁与美人共枕夕阳长醉两千年，从未说出我是你的尘埃，但你却是我的楼兰。"曾有诗云"不破楼兰终不还"，楼兰古城曾繁华一时，但如今早已消逝在历史的长河中，消失在茫茫沙漠里，难觅踪迹。据《水经注》记载，东汉时期，正值天下大旱，敦煌的索勒率一千士兵来到楼兰，不分昼夜横断注滨河，引水进入楼兰，缓解了楼兰缺水困境。但是尽管军民做出了最大的努力和尝试，楼兰最终还是断水了。其他一些负面影响随之而来，人们的卫生状况不断恶化，抵抗力开始减弱，可怕的瘟疫终于暴发了，每天都有人丧命。在这种恐慌情绪中，人们只能弃城而去，从此楼兰变成了一座空城。由于缺少保护，楼兰不复存在。同曾经的楼兰一样，敦煌也是沙漠中的一片绿洲。保护敦煌，让这沙间的明珠长存，这份苦与乐才能代代相传，生生不息，成为人类文化永恒的瑰宝。

壮志西行追古踪，孤烟大漠夕阳中。驼铃古道丝绸路，胡马犹闻唐汉风。

不负青春，奋斗强国

高一（11）班 郭锐蕾

出发之前的开营仪式上老师特意强调说我们是去游学而不是去旅行的。如今回到北京仔细回想我的这一趟旅途还真的是没有什么旅游含量，反而收获了心得，锤炼了品质。

之前和同学们出去玩好像真的是拍照为主，眼看为辅。直到去七彩丹霞看到逆光黑乎乎一片的丘陵照片时，才知道拍照无望，于是开始用眼睛去欣赏这广阔又绚烂的风景。看到高低起伏，一望无际的丘陵时，我被惊艳到了。登上观景台眺望远方，层层叠叠的山脊上整齐地排列着各种鲜明的色彩，一层压一层向远方排列去。颜色看似杂乱无章，却又蕴含着规律，颜色的顺序、范围都那么的恰当，大自然总是那么有艺术感。那一刻我好像又回到2016年去美国科罗拉多大峡谷的时候：一样的荒芜，一样的深邃，一样的望不到边。但科罗拉多大峡谷有的只是或深或浅的红色岩石，远不如张掖这般绚烂。我认为科罗拉多大峡谷更有一种震撼的感觉，兴许就是那道深邃的峡谷和大块单一的岩石给了我这种感觉。反观张掖，多层次感的色彩多了几分柔和，有些千里江山图的和谐之意。当我将景色牢牢记在脑中时，我开始思考拍一个到此一游的照片真的那么重要吗？或许更重要的不是取景框里的照片，而是你自己的经历，自己的感受，用自己的眼睛去看去品味，这才是最好的"到此一游"。取景框是永远框不住眼中的世界的。

"快步跑很好，慢慢走也可以，倒着走也可以接受，只要在前进便是了。"初二的时候拓展走了九公里，一路绿水青山轻轻松松地走完了。所以出发时对于二十二公里的徒步抱着比较积极的态度。但事实证明，不可轻敌。烈日炎炎，脚下是戈壁或者说是松动的沙，走一步便随着沙体的塌陷而歪歪扭扭，风很大，满身沙土。五至十公里往往是最难走的，精力已经到了极限，而终点却遥遥无期，身边的同学有的已经因为种种原因上了越野车。我在想我要去吗？但我好像没有选择，我在出发前便早已下定决心一定要走下来。很幸运参观了红西路军安西战役纪念馆，看到那群和我差不多年纪的小红军穿着算不上鞋的草鞋走了那么久，我开始反思是不是现在的年轻人已经丧失了这种吃苦的能力？是不是遇到挑战只要有退路就无法坚定地前进？身体不适不要逞强是对的，只是知难而退并不是我的人生准则。我认为人应该在年轻的时候学会吃苦，学会坚持，即使长路漫漫，即使身心俱疲，即使看不到终点。抱着不管怎么样我一定一定要走下来的决心，我在戈壁上留下了长长的足迹。徒步过程中，腿脚已经迈不开，鞋套已经被磨出了洞。我和同学打趣说腿已经没有知觉了，后收到一个很有趣的回答："左脚迈完右脚迈，别问我怎么做到的，我的脚自己学会了。"就这样一步一步机械化地迈着双腿，竟和一些同学走到了队伍的最前面，脱离了"大部队"，远远地望到了终点，尽管路还很长，但只要终点不后退我就在逼近它。我看到了希望便有了动力，于是更卖力地走了下去。戏剧化的是，走了两千米后，终点完全没有靠近我的迹象，仍是那么渺小。我刚刚兴奋的心情跌入了谷底，但还是咬咬牙跟着第一部队，向前进。最后的最后，我像个醉汉一般，背上的包半挂在身上，手里拎着个矿泉水瓶子，走两步就猛灌一口，混着嘴里的沙子喝下去，接着埋头苦走。一个个小沙丘分外难走，我甚至想直接跪倒在沙丘前，但我深知一旦坐下了我便会掉队，甚至没有力气再站起来，并且好不容易双腿才学会"自己走路"，一定要让它们好好温习才是。远远地听到了鼓声，抬眼望去，看到了鲜艳的五星红旗在沙丘上飞扬。那一瞬间眼泪已经在眼眶打转，一种自豪感油然而生，本应加快步伐可惜我已没有力气冲刺。最后踏上终点的红毯时，本想着要表现出那种很平静的、处变不惊之感，可是嘴角的笑意它完全藏不住啊！于是就戴着花环灰头土脸地照了一张露出八颗牙的发自内心的灿烂微笑。终点的瓜真甜。

　　求索的前途遥遥，追梦的长路漫漫，也坎坷，也艰险，愿少年自强不息，也愿少年永远怀着家国天下的情怀、舍我其谁的担当，披荆斩棘，勇往直前。

甘肃之无言大美

高一（11）班　李小彤

　　哐当哐当的火车一路向西，窗外的树木逐渐脱去了绿衣，缩减了个头。大地渐渐喘息起来，山丘起伏连绵，蜿蜒在远方天际。我们的甘肃之旅拉开了序幕。

大自然的鬼斧神工——七彩丹霞

　　离开宾馆，我们乘大巴车开启了新旅途。晨读、导游介绍和练习红歌等丰富的活动充实了几个小时的车程，窗外的景色亦葱翠着我们的心情。连绵的群山在天边勾勒曲折的淡淡轮廓，天空的苍蓝与黛山的青棕涂抹晕染。近处的树木冲天挺拔着，浓重的绿意为西北平添一抹生机。

　　我们的第一个目的地是七彩丹霞，眼前的山丘宛如绘上了缤纷的色彩般，为我们带来了一场壮丽的视觉盛宴。七彩丹霞是西北尤其是甘肃一个典型的宏伟地貌景观，传说是将女娲补天用的五彩石的粉末涂洒在山丘上，形成美丽的景观。而用我们所学的地理化学知识解释，山体所呈现的红棕等颜色其实是铁元素不同价态的外在体现。在群山绵延的西北大地，经年的风沙吹过历史的隧道，层层岩石沉积成了今天的七彩画卷。这红棕色系的画卷，是大自然的鬼斧神工。

下了大巴车，我们已置身丹霞怀抱，仿佛成为自然景观的一部分。放眼望去，大片的山体沉睡似的伏卧大地，不知是在谛听土层深处的声声呼唤，还是在沉醉于一个古老的故事传说。我们分别前往了景区内几个视野开阔、风景绚烂的观景点拍照欣赏，每个观点处都是别样的震撼人心。大地蜿蜒，山丘起伏，好似水波泛滥，澎湃激昂。

有的山丘让我想起黄土高原的黄土塬，中部较平坦开阔，边缘陡峭下陷；黄土梁，四周被侵蚀，形成孤立的馒头状。有的山丘就像是原木的层层切面，色彩缤纷。乳白，岩黄，黛绿，粉棕，暗黑，颜色荡漾，线条飞驰，尖角纠集，裙袂翩飞。有的山丘我相信一定是悄悄文上了文身，色彩为它们分隔出了另一种意蕴。宛如一幅颜料充足的油画，在轻重浓淡一番后又塑上一层邈远的滤镜。头顶的白云就像是优雅的赏客，在偌大的天际尽情观颜。

晴天丽日，高歌阔行，西北的天是湛蓝而清澈的，是热烈而舒展的。这里没有都市如林耸立的建筑物，没有明晃晃的玻璃和浓妆艳抹的商业街，从高处眺望，一百八十度的半球形视野宏阔，无遮无拦。头顶的艳阳仿佛从苏、辛二位那里借出了点豪放，全部泼洒在这片苍茫大地上。

七彩丹霞，丰富的不仅仅是颜色，更是景致，是生态，是历史。踏七彩丹霞，也许你可以在岩丘中找到自己的心情和回忆。

追忆艰辛的战斗历程——红西路军安西战役纪念馆

我们怀着无比敬畏的心情走入纪念馆。在一个高耸着纪念塔的空旷广场上，我们庄严地举行了纪念仪式，向红西路军烈士们致敬。主持人、发言同学的声音铿锵地回荡在湛蓝高远的天空中，激荡起澎湃的怀念之情。

接着，我们随讲解员参观李卓然夫妇之墓。绿柳垂荫，方形墓碑下长眠着两位英雄烈士。围着墓碑走过一周，崇敬感油然而生。

之后，我们走进了红西路军安西战役纪念馆。讲解员详细地为我们讲述了安西战役的故事。穿梭于一个个展厅间，看着一件件文物静静地躺在陈列柜中，无声地诉说着红西路军的英雄事迹。一幅幅烈士的肖像以及旁边的文字介绍背后，是一颗颗赤诚为民、忠于革命的滚烫真心，是一句句气吞山河、凛然无畏的豪言壮语，是无私奉献，是骁勇刚强，是英雄气概！

最令我感动的故事是血战高台，我想这也是红西路军历史上最惊心动魄、悲惨壮烈的一页。1937 年 1 月 1 日，红五军大部指战员在军长董振堂的率领下攻占高台县城后，于 1月 12 日遭到敌人的包围，在与敌人进行了殊死搏斗后，弹尽援绝，两千多位红军将士壮烈牺牲。

董振堂是英勇牺牲的红军烈士，更是伟大的共产党员。在董振堂任副总指挥及 13 军军长的时候，他曾把自己的全部积蓄都上交给了党。毛主席听了这件事后，劝他为自己留点零用钱，但董振堂坚决地说，参加了革命，就不能心中想着自己。董振堂的无私奉献精神深深地感动着每一个人。2009年，董振堂当选"100位为新中国成立作出突出贡献的英雄模范人物"。

参观红西路军安西战役纪念馆，了解先辈烈士的英雄事迹，从他们身上，我看到了初心，找到了信仰，汲取了力量。我将牢记历史，不忘使命，初心向前，奋斗不止！

东西方的文明交汇——莫高窟

敦煌的莫高窟自是久闻其大名。前往莫高窟，心中揣着几分期待与激动。莫高窟，似乎是建立在时间与历史长河上，经久不衰、屹立不倒的一座瑰丽的文化宝库。它是东西方文化交流的纽带，是文明融合的催化剂。千年驼铃，悠悠荡响在这广袤荒凉的大西北戈壁上，回旋在一个个石窟中。

乘大巴车前往莫高窟，从窗外看去，山崖上隐约露着一个个小窟。导游老师告诉我们，这些是高僧坐化后的窟，里面没有壁画。

进入莫高窟景区后，我们随团走进了几个比较有代表性的石窟内参观，聆听讲解。走进昏暗的洞窟，壁画映入眼帘。一个个飞天飘带轻扬，V字形的身姿姣美灵动，绰约华丽。讲解员手持电筒一边为我们生动地讲述壁画故事，一边照亮相应壁画。在灯光的照射下，窟内的壁画仿佛活了起来。扑朔迷离中，佛像、飞天、菩萨等似乎在冲我们微笑，悄然诉说他们的前世今生。

在老师的讲解下，我知道了大多数有历史的壁画早已褪去艳丽的颜色，剩下灰黑的暗调。那些鲜艳的色彩都是清朝才绘上的，历史价值便稍逊一筹。由于窟内墙体面积有限，后来者便覆盖前人作品，重新作画，使得多数窟内墙壁上不止有一层壁画。我走近看壁画，任由想象力载我驰骋奔腾。这些伟大的作品历经了五百多年、一千多年、一千五百多年的历史风云，它们穿梭在时光的走廊中，蜿蜒到了今日。墙体的破损与壁画上的刮痕似乎是时间特意刻蚀下的痕迹，告诉人们什么是沧桑，什么是历史。

莫高窟早期的壁画是故事画，到了后来将佛经以类似连环画的形式记录在窟壁上，还有的壁画描绘的是西方极乐世界的盛景，各种各样题材的壁画展现了艺术的瑰丽。

如此一座珍贵的宝库，却在中国近代进入命运的多舛与艰难阶段。西方的学者大筐大筐地往国外运经书，日本军队大把大把地放火烧掠，清朝官员更是肆意地将这些宝物当作礼尚往来的送客品来回传送。在那个乱象丛生的年代，没有人听到莫高窟悲怆的呜咽与呻吟，没有人关心壁画的残缺和滴血的伤口。

而今，越来越多人意识到了莫高窟的珍贵价值，政府也加大力度保护这份民族文化。因此出现了"敦煌守护神"常书鸿，他舍弃浮华的巴黎生活，从时髦的艺术家变成满身灰尘的洞窟里的普通工作者；因此出现了"敦煌女儿"樊锦诗，奉献自己的一生守护敦煌莫高窟。

游莫高窟，我感受到的是时光绵延的沧桑，是文化碰撞的闪光，是历史文明的伟大，是人们精神的升华。莫高窟，是一个奇迹！

再难忘的参观也有终点，再美好的故事也有尾声。

阳光透过小小的飞机窗玻璃打在我们的脸上，窗外已是一片云海茫茫。告别甘肃，经历化作无限的留恋贮存心底；回程向东，飞机载着满满的回忆返回首都。"天地有大美而不言"，这次甘肃之旅，已定格于我心，无可取代，其大美无言。

幸甚至哉，满载而归

高一（11）班 乔欣扬

眼前的景色又熟悉起来，但记忆仿佛还停留在甘肃的那山山水水中。幸甚至哉，我们满载而归！

在飞机上的时候我一直没敢写这篇总结，因为我觉得只有安全地下了飞机，才算圆满结束。终于等到了这一刻。遗憾的是，当我此刻抬头望向远方时，已不再是那片宽广而厚重的土地了。我不能仅仅用一篇千字文去描述这一次的甘肃游学给我带来了些什么，因为有些东西虽无形我却视若珍宝。

我的心总是在外界最喧闹的时候最安静。火车上的上层床铺如躺针毡，隔壁车厢的笑声此起彼伏，"真心话大冒险"的游戏让本就不宽的走廊人满为患。我融不到这热闹中，也不愿意去尝试融入。不如戴上耳机，平静下来，欣赏沿途那"有大美而不言"的天地，去思考仅与我有关的问题。这不是封闭，不是故作成熟，而是在奔涌潮水中做涓涓细流，享受在孤独中的自我沉淀。下车后，雨神给刚到甘肃的我们带来了珍贵的雨水；大巴车上的导游热情的问候让我心安；回宾馆前的那个桃子让我温暖。就这样，晃荡到两点才入睡的我睡得很安稳。

为迎接在甘肃崭新的第一天，我早早地起床看日出。在一个陌生的城市，看着它从沉睡中醒来，注视它日月星辰之变化，仿佛这个城市已属于我。当联想到余秀华所说的"一个能够升起月亮的身体，必然驮住了无数次的落日"时，我深受感动：既然想要升起洁白的月亮，那么如今的"落日"就不仅要忍受，还要品味其中的悲与乐。我的灵魂被这景、这情唤醒了，此情壮矣。

上午我来到丹霞地质公园，身为扫尾组的一员，我坐在车上最后一排，转身回头看，身后的旅游车在公路上或蹒跚或长驱，我不禁感叹"哪里都是路啊，坎坷也好、平坦也好，都是行得的路"，然而转念又一想"是啊，坎坷也好、平坦也好，都是当时当下唯一的路"，唯有走好当下的路才能走好这一辈子各种各样的路。当站在山的顶端俯瞰其错综之全貌时，我像是平静地与一位位走过风风雨雨的"老者们"对话。极力睁大眼睛四目远望，想要包容下目光所及的一切，努力把自己的灵魂融入这沟壑中。我看山，感慨于"山山而川"之人生境意。大自然缄默不语，却好似已经向我诉说了一切，"此时无声胜有声"。下午的嘉峪关长城雄伟壮丽，有关那一块砖的故事令人印象深刻，在此千篇一律之描写皆不多言。只谈天公再次"作法"，天空中没有一朵乌云，却凭空下雨，一道清晰的彩虹横跨嘉峪关城门，俯视一切的美丽。

　　第二天的上午都在车上度过，但好在窗外景色格外宏阔。天空是那样纯净，大地又是那么宽容，耳机里"我要像梦一样自由"的旋律让我感动，脑子里时而乱闯乱撞、时而冥思苦想，一上午的车程不亦乐乎。午饭之后，我们来到红西路军安西战役纪念馆。我因战士们的悲壮与屈辱而流泪，更深深地被他们牺牲一切上下求索的信仰而折服。我不知道这几千名战士们姓甚名谁，只知道他们是"中国人"，是一个为了"中国"而战斗的团体，是一群可歌可泣的人。三分钟的默哀我想了很多：战场上的互相撕搏、怒目圆睁的头颅、月光下的刀剑、清晨战士们口中呼出的热气、一盏小小的油灯……我暗暗许下誓言，悄悄握紧双拳。待团员重温宣誓词时，我差点热泪盈眶：我们是新一代的奋斗者，我们是挑大梁子的人，班接到我们的手上了，仗就一定要打好，只能胜、不能败，这是青年团员的使命，无可厚非。

　　二十二公里的徒步我无比自豪，最终坚持下来了！启程时十分忐忑，但暗自鼓励：一定要走完全程。沙土并没有我想象得那么细，反倒是大小石砾十分硌人。走过草地时，我遇到了白麻，淡雅清欢，其低头生长之势让我想到今年的一个关于"人"字写法的说法：逆风起笔，藏而不露。人生海海，痛苦与坎坷不可避免，在逆境中懂得蛰伏隐忍、暗中蓄势，跨过荆棘，终会开出灿烂的花。上午的行程十分辛苦，有的时候会有种看不到头的绝望的感觉，但我从未想过放弃。补给站稍作休息之后再出发，没有所谓的"再而衰"，而是更加坚定地朝目标前进。一出发就听说"走到树林就是终点"，十分激动，因为有实物作靶子，有了可视的目标，我劲头十足。独行于无边的大漠，听着音乐，或抬头看天，或低头观察石子，自娱自乐，与自己的灵魂对话，何其充实！最后，我真的很佩服我自己，圆满地完成了这样一个困难重重的任务。现在回想起来，这样的结果似乎是必然，因为我对它有坚定的信念。

最后一天我们来到向往已久的莫高窟和鸣沙山月牙泉。在莫高窟，我仿佛置身于文化之旅，去体味唐代之繁华，文化交融之博大，历史之真实，掠夺之悲痛。触摸历史，感怀于今，常书鸿纪念馆中那句"人生是战斗的连接，人生是困难的反复"成为激励我前进的动力。我非常敬佩常书鸿先生心中那不变的信念：保护文化。他就好像一个信徒，在茫茫大漠中寻找丢失遗弃的经卷，只为修补教义。在月牙泉，我们在沙子上写下自己的心愿，这是那样的美好，因为我们都相信"念念不忘，必有回响"。登高远望，俯瞰月牙泉的全貌，任由沙子倒灌入鞋中，任由热风吹刮脸庞。我有那种"醉卧鸣沙月泉侧，千沙万泉无颜色"之感——陶醉其中。

还有每日的干饭大赛欢乐多。符和刘的"壮举"，组长的放声大笑，最后一天的雪碧和蛋糕，我永远也不会忘记。

我和吴在宾馆里两次夜半谈天，也许这是唯二的机会——尽管这导致了我们第二天早上的迟到，但实在难得。关于友谊，关于快乐，关于苦难，关于信念……我几度哽咽，几度沙哑，几度迷惘而无所适从，又几度通透。

回想这七天，我唯有感谢。感谢这一次经历给我带来了太多，感谢亲爱的老师们的辛苦付出，感谢我自己所习得的一切。

2021 年 6 月 5 日至 11 日，我终生难忘！

韶光悠长，余韵难断

高一（11）班 宋 宇

"你们有什么是可以从自己的民族里拿出来，送给这个世纪的礼物？"1924 年泰戈尔访问清华时对众学子问道。在从甘肃游学回程的路上看到这个问题后，我想，甘肃或许是答案之一。

甘肃在我们游学的第一日就为我挥手扬开一幅宏大的画

卷，起伏的山峦披上层层霞光，色彩是那样丰富，叫你不得不去瞧、去看。层层叠叠的山使得整个人都渺小似乎将要融在这斑斓的山中。第三天徒步穿越戈壁时，地形的丰富就更加明显地体现出来了。刚上路时是一片布满黑色沙砾的戈壁，那石子忽而是细碎的，忽而是硕大的。不久后便会遇上一条水草丰茂的路，欣喜还未消散，你便一定会在草梗遍布处疑惑如何下脚，或是疑惑草叶何时划破了自己的手腕。徒步道上最好走的当属古河道，河水早已干涸，留下一片片龟裂开、黄沙凝结而成的沙块。

地形地貌都这样丰富的甘肃，文化就更加丰厚了。

先把你的心一把攥住的是边疆长城文化。黄土夯筑起的城墙就那样古朴地站在刺目的阳光下。骄阳太过晃眼，我似乎看见木石架上服役百姓将黄土层层筑起；城墙上将军士卒严阵以待，刀光混着火光点亮黑夜；文人墨客挥毫泼墨一撒便道出边塞之豪壮……我还看见了将士们在关公庙里祈求战争胜利的身影里没藏好的思乡深情，也听见了戏台下光影绰约里他们对自己所守护的国土上发生的悲欢离合的感慨议论。这是从前书页中被我略过了的，是他们作为寻常人的生活中的喜怒哀乐。

游学的最终章是莫高窟文化。东汉应劭注《汉书》："敦，大也。煌，盛也。"《旧唐书·地理志》中也提到："元宵灯会，长安第一，敦煌第二，扬州第三。"盛大繁盛也许可以成为唐朝时这个美丽地方最确切的注脚。比起自然风光里感受到作为蝼蚁的渺小和在红西路军安西战役纪念馆的肃然起敬，在这里你能深切地感受到历史的厚重、佛教和艺术的发展，还能感受到 20 世纪初文物流失后的痛心疾首和无可奈何。洞窟里的题字和绘画风格的变化无一不在提醒着我们：在这里，千年时光凝聚于一刹。佛像手中那一捧沙终于散落时，千年已过。窟里幽深黑暗，靠导游老师一柄手电筒、一束光带我们穿越回千百年前去体会佛教徒造像画壁的虔诚，当然体会到的还有节度使醉翁之意不在酒，为统治地区人民思想而开大窟的奇特心情。当佛教从救赎人心变成统治工具的那一刹那，它还是本来的样子吗？

泰戈尔问完那个问题后，这样说道："你必须要回答这个问题，你知道自己的内心，你知道你自己的文化，你们史册里最永久的是什么。因此我竭我的志诚恳求你们，不要走错路，不要惶恐，不要忘记你们的真心和真性。"而甘肃，这样一个历史文化交汇发展，最终和而不同的地方，它的文化确实是中华传统文化的一颗明珠，只道是：韶光悠长，余韵难断。

沙缘

高一（11）班　薛子佩

经过二十几年了，我才确信人与动物、人与人之间有一种不能测知的命运，完全不知何解地推动我

们前行，使我们一程一程地历经欢喜与哀伤，而从远
景上看，欢喜与哀伤都是一种沧桑，我们是活在沧桑
里的。

——林清玄《白雪少年》

到家之后坐在电脑前，努力回忆几天以来的点点滴滴，
只觉得百感交集，一时竟不知写些什么。稍定了一下凌乱的
思绪和泛滥的情绪，暂且因为记忆里的此行是扬沙与缘分的
结合，所以起名为沙缘。

大西北的特点很明显，原始而粗犷，不由分说地撞击
心灵。

站在丹霞之上四顾，你会看到四周的山石静立无言，或
赤红或五彩的山脊险峻而宏伟，仿佛古代某个娘子出嫁西域
时遗留在沙漠中的褶皱着的彩丝巾——颜色和纹样还颇为别
致——我们一行人正迷路在这巨大的丝巾中，沿着一丝一线
走着，感叹着它千分之一的美。群山的震撼之风是拍不出来
的，于是干脆只是站着，让干燥野性的风带起短发，看山间
梦幻一般的颜色与不能言说的豪情。千百年来，因为水、温
度与沙石之间偶然的共同作用，这山便拥有了色彩。每一点
微妙的光影变化都会引起色彩的巨变，山如同绸缎般尽情变
换着面容。

最后一天夜晚看星，竟有一种古人观天的意趣。抬头，
墨蓝的夜幕里点缀着星星，万古的静谧与不可抗拒的运转让

我体会到自己的渺小，同时在一种氛围里入了迷。虽然身为天文社成员，但我对星空所知甚少。在同学的指导下勉强寻出了北斗七星、北极星、天蝎座、狮子座和大三角。我感受到这些我仰望很久才慢慢现身的光亮与黑暗中蕴藏着的张力，是一种宇宙之间的肃穆，是一种极静与极动的结合。我看到的光已经是不知多少年前产生的，但无论如何，至少这束光在某几秒之内被捕获，又在这几秒中被我看到，这又何尝不是一种缘分。观星的另外五个人都在捣弄着摄像机，我只能打打杂，外加不断询问。他们是一群因热爱而结缘的人啊，我可以感受到他们对这些无情之物的着迷以及纯粹的快乐。偌大的地球上，穿行的人流间，我曾与他们几个在同一所学校学习，走过一趟同样的旅程，在同一天晚上大笑、专注，看到同一片星空，这是多么神奇的事情，也是一种不可言说的缘分。

戈壁滩里的石头是五彩的，我不顾背包的重量捡拾了满满一袋。他们折射出不同颜色的光，想必每一个都有自己的故事，只可惜我无法聆听。鸣沙山的沙子要细腻很多，山变换着曲线，色彩简洁。我坐在沙地上，在阳光下抓起一把沙，让它们从指缝中漏下。风很快让它们飞向四方，有的划过脸颊，只留下丝丝痒痒的温热。沙子很暖很细，仔细看去是由彩色的小沙粒组成的，反着红、白、黑、黄的光。不由想起戈壁滩上尚未磨灭的彩石，也许很久以后那里也会是一片细腻的沙漠，石子都碎成细沙，依然倔强地发出不同颜色的光。

正如我们，兴许一段时间以后泯灭了，但我们曾做的事却永远存在着，微妙地影响着这个世界。从某种程度上讲，我们永远都不会消逝。荒漠里带队的车子飞驰，只留下身后的滚滚黄沙，再加上车上插的红旗，是一幅很美的画面。骆驼不慌不忙地走着，或躺在温暖的沙子中休息，看人的眸子澄澈而温柔。我总是想，长大以后去沙漠里当个开车的，或是下辈子做一头鸣沙山里的骆驼，未尝不是很好的选择。西北终究不像北京一样发达，尤其像敦煌。夏天这个城市醒来，在游客的脚步声中兴旺；冬天它沉睡，只留下市民和偶尔不惧严寒的过客。我曾亲身体验过这座城里冬日慢到极致的生活节奏，人们在路边聊不相干的话题，车子不紧不慢地向前驶去。在中国最发达的城市中心生活了十几年，我终究还是爱慢下来的日子。在西北大漠慢慢悠悠地前行，我想这才是我最向往的生活。我常以为生命的意义在于获取幸福感，让自己快乐是第一要务。在沙漠里捡些石头，坐在车里开着冷气看戈壁里的徒步者，车辆驶去时掀起飞扬的沙尘竟如武侠里的高手一般，这些何尝不是美好的选择。只可惜我缺少勇气去挥霍父母创造的条件，长大之后如果幸运的话，大概依然是在北京城里疲于奔命的打工人吧。旅游的意义也在于此，帮助我们切换滤镜，让我们在"新鲜"的滤镜里做一个"新鲜"的人，让我们体味和向往。三毛看到沙漠时体会到了前世的乡愁，我也觉得自己与这片沙漠有着不解之缘，因为我曾经踏上过它，在它身上收获了极致的感动。

　　我曾经为了画一幅作品稍微了解过敦煌壁画，然而再次踏足洞窟还是像第一次进森林的小孩子，四顾张望。我从其中看到了时代的兴衰，看到了盛世之丰腴也看到了乱世之繁复；我看到了超脱时代的美和信仰。在巨佛脚下的时候，我有一种匍匐膜拜的冲动。我仰望窟顶和四壁，颜色交织着，是后人永远模仿不来的震撼啊。纪念品商店里有很多人的摹本，大部分不免显得艳俗，笔墨一经人心，必会带上作者的气质。相传，僧人因看到山上金光万丈而开凿洞窟，总有专家研究三危山上的土质结构与光的照射角度云云，我并不感兴趣，在我看来，这些奇特的缘分，岂是渺小的人类能看透的。不如接受我们不可控的事实，心怀敬畏。

　　因为一次行程，我与沙结缘。那些直击心灵的感动，和拾去的石子一起，在我的生命里刻下了独特的一笔。

重温甘肃

高一（12）班　李净澄

　　高考周期间，学校组织了高一年级"青春向党，奋斗强国"的游学活动。在疫情期间，此次出行实属不易，我也有幸参加了甘肃线的游学。甘肃线的游学活动以人文为主，并且也被认为是许多人文游学路线中难度最大的一条。

　　其实在路线公布之初，我对甘肃线的行程并没有感到很多新鲜感和困难之处，相反更多的是熟悉与亲切，因为来到甘肃游学对我来说是故地重游。在我游览祖国大好河山的经历中，有一多半的时间在向着西北行进，从高低起伏散布着牛羊的草原到荒漠化的戈壁以及完全被流沙覆盖的大漠。我穿越沙漠，看到被风沙侵蚀的汉长城与雅丹地貌，甚至一路向西，穿越祁连山登上青藏高原，我自认为我对祖国的西北无比熟悉。

但是现在的我站在西行的出发之地，望向西北时，感受到的不仅仅是对它印象的加深，更多却是未知与神秘。我从游学中，看到西北千变万化、丰富多彩的一面。

透过火车的玻璃窗，甘肃的自然环境就在我眼前渐渐趋于丰富和多样。在看到草原的土地盐碱化之后，我看到山顶覆盖着白雪的祁连山顶下一片绿洲生机勃勃。"不望祁连山顶雪，错把甘州当江南"，祁连山积雪融水浇灌了河西四郡。也是在张掖，若不是看到山坡上清晰的被流水侵蚀形成的水渠和山脚下由泥沙构成的小型冲积扇平原，很难想象丹霞地貌锥形峰林的景观是由雨水经千万年冲刷形成的。而在敦煌鸣沙山，一汪弯如月牙的湖水被高大的沙丘环抱其中，也是出自大自然的鬼斧神工。极端的条件下，正是这一片片绿洲，造就了昔日辉煌的河西走廊。

就是凭借着这些散落着的绿洲，我们的祖先穿行于荒漠戈壁，打通去往西方的丝绸之路。在这里他们打退匈奴人的侵袭，用黄沙和泥土筑起长城、关隘，使得这片荒漠上商旅不绝，一座座城门前车水马龙。其中嘉峪关的城墙就由西北最常见的黄土构成，将掘出的土暴晒数月后一层一层夯实，坚不可摧。另外，嘉峪关防御工事上，瓮城对敌军的阻隔、削弱，外城的诱导作用，以及城池外深沟与陡坡的运用，都体现了古人极高的军事智慧。从头至尾，我怀着钦佩之情，仰慕着古人达到的不可思议的成就。

除商旅与戍关的将士以外，还有着一群人，信奉佛法，在此间穿行。他们前往印度，寻求佛和真经，也会在此间修禅打坐，成就了莫高窟的辉煌。隋至盛唐时期莫高窟呈现着这样的景象：几十间洞窟同时在开凿，巨大的佛像与精巧的服饰由泥土塑成，颜料被均匀地画在墙面上。颜料几千年不褪，泥像几千年不裂。每一个洞窟凝聚的不仅是工匠精神，更是人们虔诚的信仰、对旅途平安的祈愿，甚至于一个朝代的繁盛。

直至现代，在大漠中的人们仍拥有着浩瀚的气势和不畏艰险的勇气。我们在红西路军安西战役纪念馆里举行了祭拜红军烈士们的仪式。纪念馆里，我们看到了红西路军在甘肃一带进行的数百次战役中，服从党的指挥、不怕牺牲的精神。他们在面对敌人围追堵截时遇到的困难不亚于长征的艰辛，但是西路军将士凭借顽强意志，冲破封锁到达了新疆，并在这里继续学习，为祖国培养军事人才。他们的精神应该被我们学习，运用到学习和生活中，不怕困难，争取成为杰出的中国人。

在经历过戈壁徒步后，我更加深刻地体会到了红军战士的艰辛。在戈壁上举行的二十二公里徒步，给予了我极大的锻炼。远望是茫茫大漠，几乎看不到一株植被；脚下是沙砾碎石，踏上去直往下陷。太阳挂在天空上，射出炙热的光线，等到黑夜残存的些许清凉被阳光炙烤殆尽，连吹来的风也像热浪翻滚。即使腿脚已走得酸痛，同学之间的鼓励激励着每个人一步一步地前行。这是对意志品质的一次考验，也是使我们真正成为一个集体的时刻。

经历了这次游学，我国的大西北在我眼中的形象更加丰富，千姿百态，它在我心中的形象更加清晰。但每当我揭开它的一层面纱，便会发现它仍然蒙着的另一层更加神秘。西北的历史、文化厚重得超出我的想象，它的背后还有很多奥秘等待我去发现。

吹尽狂沙始到金
——西北游学报告

高一（12）班　李　琢

狂风四起，黄沙漫天，是一幅让人望而生畏的画面；此次甘肃游学之旅，是我第一次到沙漠之中旅行。我们一路从张掖途经嘉峪关而至敦煌，无论怎样壮丽的景观脚下，都是累累沙砾层层沙土铺起的广袤的西北大漠。它们的形成本是因为深处亚欧大陆深处，远离海洋丰富的水汽，久而久之褪去了许多鲜活的生命的颜色。这样独特的自然环境创造出大西北在全中国独一无二的沙漠文化，也铸就了这里千年来的兴衰之中永远值得我们珍惜的一切。

驼铃悠悠仿佛带领我们穿越了千年的岁月。嘉峪关外，敦煌城边，商旅绵绵，古道徐行。一望无垠的荒漠上，它们像是音符在跳动，连接中外，沟通古今。虽然在我们今天走过的道路上再也没有这些络绎不绝的身影，但它们早已化身于城门边一道道深深的车辙印，化身为莫高窟一幅幅活灵活现的壁画，化身为一个不会被尘土掩埋的名字——丝绸之路。因为地理位置的重要，西北边关曾经是连接欧亚大陆两端重要的边境门户和中西方交通中转站；可是航海家扬起远洋风帆之日，也是黄沙四起，城门紧闭之时。

数百年后，又一支队伍整装待发来到了这里，重新拾起了大刀长矛，在这片荒凉的土地上唱响悲怆的战歌。在寡不敌众、弹尽粮绝、四面楚歌之际，红西路军毅然决然地战斗到了最后一刻，用鲜血染红了脚下的黄沙。他们的名字和故事会被铭记，因为他们开启了不老大漠新的篇章。

短暂的几十年过去，古老的大地上焕发出崭新的生机，越来越多的人来到这片被遗忘的土地。一个个洞窟重见天日，一段段城墙洗净尘土，一座座丰碑巍然矗立。我们的队伍顶着烈日，踏着碎石，循着无数前人的足迹，走过渺无人烟的茫茫戈壁。一阵风掀起狂沙织成的大幕，历史的云烟在刹那间滚滚而来，尘埃落定的那一刻，我猛然顿悟了这其中的奥妙，明白了这无边大漠不朽的意义。

西北用自己的荒凉与贫瘠，谱写了中华大地自古以来的一个又一个震慑世人心灵的故事。他们中有人面对塞外孤独的流放磨炼出百折不挠的心性，愈挫愈勇；有人终其一生守护大漠创造的文化，无怨无悔；有人从青涩的少年成长为骁勇的战士，百炼成钢。大漠生来不是阻隔人的，而是磨人的。它深深地清楚当一个民族跨越了这两端的距离，它的使命也就完成了。这时，它就会默默收回一切落后于时代的繁华，悄然化作一道壮美的风景线。等到后来人回到这里时，再把它们编织成一个个动人的故事，写进漫漫黄沙。

去吧

高一（12）班　尹　涵

记得出发之前，地理老师同我们讲河西风貌，主题落于四个字——"山河无言"。是啊，山河壮丽，却无法尽道，与其听人转述，不如自己去追寻；历史亦然，往事斑斑，却只沉寂于史册，如若不去静听遥望，怎能保证文明血泪不被冲刷殆尽？于是，在踏上旅途的第一天，我便为日志写下了这样一个题目：去吧。此二字，便是我启程时心中所思。如今，亦是我回顾这短暂旅程之感。

此去，走访山川。

于此次旅行而言，西北辽阔，甘肃路远，大半旅程都是在路途之中。山川之行自火车启程，行过张家口的星空，呼和浩特的日出，过贺兰，跨黄河，从草原丘陵到戈壁雪山，再行车与祁连同行，感受那墨黑色山脉与银白色雪顶交辉，沙山与绿洲相接的壮阔，直至百里戈壁，漫漫黄沙。驻足之地，丹霞彩丘瑰丽，戈壁广袤寥廓，大漠骆驼共行，山河广阔，自然奇丽，将千万年时光融于方寸水土上，一草一木一物一石皆有迹可循。

生于山川，行于山川，其实每当我们举目前望，山川之行便已开始。如若视路途为无关紧要抑或浪费时间，赶路，那一路的山川行止，无数的奇景细微，岂不都错过了去？便如一日的戈壁之行，的确，烈日灼人，路途漫漫，但如若沉浸于疲劳之中，岂不就错过了戈壁寥廓，大漠起伏，错过那倔强开着的紫色繁花，错过那莹白淡青的粒粒顽石？

此去，探寻往迹。

山河之间，常存文明之迹。书本终究太远，也许笔者字字血泪，但读者也只能感其二三。而过往事之地，见往事之迹，带来的是最深的震撼。嘉峪关城墙上黄土间深凿的痕迹、响彻至今的燕鸣，是千百年未变的边疆最深切最真诚的平安之愿；戈壁大漠间西路军战士斑驳的银镯，锈迹遍布的钢刀，是真真切切最鲜活最热烈的先辈之迹；鸣沙山东麓断崖上石窟间勾勒的经传，虔诚塑造的造像，甚至斑驳的痕迹，残存的断痕，都是这千年时光间文明与历史的真实留存。

唯有真正走近，方知敦煌文化最盛大之处，可能不只是华丽场景，而在于斑驳佛像的微笑之间；这段历史最震撼人心之处，可能不止记载于史书之中，而在丝路中转的车辙之中。真正走近，文明才真正进入人心，才真正感受到文明中人的真真切切的痕迹。

此去，回首己思。

见山河，历往事，终归要收于己身。时光飞逝，旅途已然结束，所见美景可能会于记忆中逐渐模糊，所阅书籍可能终会被忘记，但旅途中的所思所想，所念所感，定会长存心间。初读莫高窟遭损毁流落之时的锥心悲愤到后来明晓社会局限、时代使然的思考感受至今深记，对西路军前后历史的分析也使我受益良多，我与同学言莫高窟，言西征，于细节中发掘问题，也许关于自然，也许关于文物，甚至是介绍中的一二句表述，也许思想并不成熟，感情失之偏颇，但那一次次讨论，那获得启发、达成共识的醍醐灌顶与收获之感都无比宝贵，因为这由心而发的感受与思考方是我们真正所得，这才是旅程的意义啊。

此行所得，如此便明晰了。此去，去听山河心声，去见往事痕迹，去走出过往局限，看天地辽阔，文明盛大，而后收归于心。

此行归来，前行之路却刚刚启程。去吧！带着过往旅程所得，继续未来的旅途。

看见旅途

高一（12）班 王瑞扬

我们带上一双眼睛，背起鼓鼓的行囊，潇洒地一转身，便乘着绿皮火车踏上了旅途。

看见同伴

午后的微雨中，和几个同学在窗边静坐，不时起身舒活舒活筋骨。火车缓行，难得的惬意时光。我们谈到祖国的大好河山、自身的云游经历，又谈到各国的风俗人情、文化差异。出乎意料的，透过这多姿多彩的世界，我们看到了平时并不熟悉的同学过去的故事，看到了他们的爱好，看到了他们的内心。这火车上的叙谈是我们第一次真正的见面，也应是我们真正了解彼此、建立长久友谊的伊始吧。

看见自然

茫茫戈壁，与天相接。我一次又一次地环视四周，却一次又一次地收回双眼，渺无人烟。天如此之蓝，蓝到发黑，像一个即将涨破的大球一般向我逼来。我不敢再看。风起，沙起，浑扑满面。我闭上眼。讨赖河上的铁索桥中央，一时间风起雨落，铁索在剧烈地摇摆，几十米高的黄土绝壁下滚滚浊流怒吼着冲泻而下，我抓住铁索的手软了起来，仿佛就要跌入其中……啊，自然，你又一次让我看见了你，这西北的土地，勾起我对往昔的回忆。你一点也不曾改变，仍然以你那让我无力撼动的自然力戏弄着我，警示着我。我看见了你，自然，人类在你的面前不值一提。

看见美好

片云过，雨滴急急砸落。我急忙奔走至避雨处，不料旁人惊呼："啊，快看！"免不了赶紧沿着手指方向看去，不禁惊讶至失声。百年嘉峪雄关上竟飞架起一座彩虹桥，温润，淡然。以铮铮铁骨拒万敌于外的高大国门，想不到你也有这样柔美的一面！

戈壁远望，一黄一蓝两个小点在缓缓前进。渐渐地，走近了，才看出挂着登山杖的艰辛跋涉的蓝色身影是我们胖胖的班长。这一个下午，在骄阳沙石双面"饼铛"的炙烤下，我们一干体力较好的同学尚叫苦不迭，而拖拽着步子挨向前去的他是如何全程徒步完这十余公里的路程的呢？莫非，有天神相助？不，我看见了他身旁黄色的身影，并非天神，而是一个人，是我们已经五十六岁的老师。可以想见，正是他咬牙抬起酸软的双腿，忍住膝盖的疼痛，拼尽全力陪伴着班长，才使班长完成了几乎不可能完成的壮举。我看到了，美好远不仅仅存在于自然的馈赠之中，更融入"人"的血脉里。我肃然起敬。

看见根与魂

我望着莫高窟对面的道士塔出神。

王圆箓面对面前这个金发碧眼的面孔，内心应是挣扎的。他在心底似乎并不信任这个远道而来的陌生人，可那人给出的理由却是那样崇高和无可置疑！在斯坦因将卷子装车运走的日子，苦旱之地电闪雷鸣。王道士在大雨中仰起头："我，我是不是做错了什么！"

王道士做错了什么？

他错就错在发现了尘封百年的藏经洞，使之为世界所识。可这真的是错处吗？

因为弱小落后，所以在历史文化上被劫掠。我看到了，一个守不住自己的历史与文化的国度，会被可悲地戴上发展的桎梏。

历经两朝闭关锁国的中国，挡住了外来的文化，也使自身腐朽。中国人忽视了自己真正值得珍藏的千年文化，正好为手拿大刀和口袋的外国人敞开了大门。还好，我们丧失海外的过往与文化相对总体而言并不多。于是，中国人用戊戌变法，用洋务运动，用五四新文化运动，通过几十年的艰难摸索，终于开始睁开眼看世界，重新激发了中华民族古老血液中的勃勃生机。

看着道士塔，我想我看见了，历史是民族的根基，文明是国家的灵魂。根与魂，失不得。

带着大漠的黄沙，迎来了北京的热浪，我们是时候该看一看了。带去的那双眼睛看见了什么？它看见了人，看见了自然，看见了人与自然共同创造的历史与文化。它说：不虚此行。

游学后记

高一（12）班 刘豫京

伴着飞机起飞嘈杂的噪音，我猛然间意识到，游学，就这样在同学们的嬉戏笑闹中近乎仓促地接近了尾声。

回首过去的几天，就真真如白驹过隙，什么也抓不住，什么都溜走了。我不禁想到，这时候若是有人问我这几天收获了什么，我要怎么回答呢？

我收获了一份对国家的认同感。作为一次红色游学，爱国教育贯穿始末。我们真正地踏上了革命先辈们曾经作战过的土地，为西路军战士们默哀；我们听到了莫高窟里曾经遭受的外国人入侵的耻辱，更坚定保卫自己国家的信念；我们在徒步过程中高唱红歌，体悟了战士们在征程中支持自己走下来的信仰的力量……当爱国教育不再止步于口号，不再止步于生硬的宣传，我收获了，收获了这份对国家的认同感。

我收获了对中国西北的千姿百态的一瞥。张掖丹霞的宏伟壮丽：连绵起伏的彩色丘陵，五种色彩有序地堆叠其上，让人不禁怀疑是不是上帝打翻了调色盘；嘉峪关的悲戚与柔情：曾经的关隘外是累累白骨与剑戟刀枪，可如今却是葱郁成行的杨树与村庄；莫高窟的雄浑壮美：自北魏至元代的壁画与雕塑藏匿于洞窟之中。从外看，一面断崖上遍布着大小洞口，正中一处四十五米高的九层楼，楼内是一尊巨大佛像，是莫高窟第一大佛像。五天的时间，中国西北于我不再是一个生硬冰冷的名词。他变得有血有肉，生动活泼起来，他可以那样坚硬刻薄，将农人赖以生存的土地凿得分崩离析；他又可以那样柔软细腻，用毛毛细雨在嘉峪关旁织就一道彩虹。我收获了，收获了对大西北美的初次了解。

我收获了独居在外的经验教训。鲜少离开家人的我这次与同学和老师踏上行程，我无比快乐，恨不得尝试所有家长不让尝试的新鲜事物。然而，在放纵地进食以及沉迷冷饮的两天后，我的肠胃给了我教训——从第三天到现在，我再不敢大口吃肉，甚至不好消化的面食都要少吃。这次旅行让我切身意识到自由从来不是别人给的，而是自律为自己带来的。若是我当初对每样好吃的都浅尝辄止，便不会因病错过一天的活动，更不会在之后两天错过许多美食。好在吃一堑长一智，若再出门，我定不会因无人管束而放纵自己，因为我明白，唯有自己对自己负责，才能得到最大的自由，达到自己的最终目的。我收获了，收获了最朴实又最有用的道理。

我收获了心境的提升。站在鸣沙山上，我猛地发现有的事情并非自己想的那样影响深远——相反，很可能它就像你踩在沙子上一样，虽然当时溅起高高的沙，踩下深深的坑，然而不过瞬息，一切痕迹就都被流沙拂去，多深的坑都会被流沙补满。反观自身,我又何必总因为害怕失败而畏手畏脚?站在莫高窟的大佛脚下,我仰望沉思:就连在绝壁上开凿佛像古人们都做出来了;就连徒步穿越沙漠曾经的僧人们都做到了,我又有什么理由给自己找借口?享受着比古人们优越的条件,我们这代人理应创造属于我们的辉煌,我们为何要为本不算多的作业烦恼?为何要为即将到来的期末考试唉声叹气?这趟旅行,我收获了,收获了更开阔的心境。

我收获了友谊的升温。同处一室,自然而然,我和同学们都对彼此有了更深的了解。我们进一步了解了对方的生活习惯,饮食习惯。在五天的相处里,我逐渐掌握了身边同学的忌口与喜好,甚至可以帮肠胃脆弱的室友挑她能吃的食物。这样一趟一天二十四小时与同学相处的旅行,于无形中增进了同学们彼此间的情感:为了编辑公众号,和文编组同学熬到半夜;爬山累到不行时和同行女生相互鼓劲;餐桌上只剩一个肉串时同学互相谦让……不知不觉中,同学们都熟稔了许多,一些无形的拘束也得以被打破。

伴随着发动机的轰鸣,飞机落地,再踏上的就是北京的土地了,旅程中再多的遗憾、再多的欢笑、再多的汗水、再多的不舍也终究变为过去式了。虽然我可能什么也没留下,但我收获了很多,远多于我能列出来的。此日一别西北,不知何时能再见;此次游学之旅结束,怕是再难有下次。但我既不后悔来过,也不遗憾结束,我珍惜这次游学的过程与相伴的人,我怀念这与老师同学们一同学习进步的七天。

于是我收拾好行囊，向远方前进。高三的高考结束了，他们叫准大学生，我也成为准高二学生了。

瑰丽与雄壮的激烈碰撞

高一（12）班　王佳妮

瑰丽与雄壮，类似于柔和刚，类似于欢快和激昂，正是这特点鲜明、对比强烈的词语，交织成了甘肃的游学旅程。

瑰丽的色彩是西北的自然造化——七彩丹霞——赋予的。再明艳的服饰在斑斓的岩层前也会黯然失色。自然将一幅被给予了美好寄托的绘画作品舒展、平摊在世人眼前，在万年的岩层碰撞交流中，从大西北单调的土黄色里，生发出了绚烂丰富的图景。

待我们向西北前进，身处天险之中，那天然的军事重镇在祁连雪山的映衬下，竟使自然与关城的雄壮异常和谐。关外，绿草茵茵，树木成林，远处群山拔地而起，青黛色的山崖盖上了白皑皑的雪顶，与低低的青蓝色天空融为一体；关内，黄土满地，关楼高高垒起，雄姿英发，令人仿佛能看到，敌人疾驰着马儿而来却在壕沟马失前蹄，到罗城难逃天罗地网的追击，落到瓮城被活活生擒。从外城楼楼角上抬眼望关内外，饱览天下之最，无意间巧遇的雄关雨霁更是惊喜万分——促使最巍峨与最温柔交相辉映。

迈入敦煌，黄沙滚滚，翻涌不止，在烈日的炙烤下，我感受着来自大漠深处最为厚重的馈赠、最为粗犷的吐翕。苍穹无边，断壁残垣。茫茫戈壁，大漠孤烟。俯下身子，掬一掌沙，轻抬手，颗颗沙砾从指缝间滑落，同这片沙漠融为一体。我注视着，看流沙飞扬，飘作柔曼丝带。鸣沙山头的疾风如此猛烈，闭眼，似是剑拔出剑鞘而"簌簌"劈裂身旁流动的空气。悠悠驼铃声传来，月牙泉的泉水还在西北骄阳下波光粼粼，雄壮不再孤单存在。

还记得敌众我寡的不利局势下，西路军破釜沉舟，顽强拼搏地冲上前突围、攻城。没有长枪短炮，他们便挥舞着大刀长矛与敌人肉搏，用牙齿咬，用手掐。当纪念馆里重述他们的英勇事迹时，血光仿佛依然残留在生锈了的短匕首上，枪林弹雨下焦迹斑斑的军旗诉说着西路军们不畏惧、敢冲锋的不朽精神。拼死西征，值得后人仰望，值得后人传扬。今天重走这段路，伟大的西路军在前方引领着我们，当我们伴着喧天锣鼓、震耳歌声，高举着红旗跋涉芦苇荡和戈壁滩时，我们，难道不也渐渐成为这广阔天地中雄壮的一部分了吗？

断崖绝壁，开窟造佛，无言千年，屹立不倒。千年莫高窟，我最为壁画里的飞天——人民瑰丽想象中的飞天——动容。她持着轻盈飘逸的彩色丝带，一丝灵动，一丝活泼，轻柔飘过，看其素面，带着放下一切的从容。一处飞天壁画在不断变化角度的灯光下，一会儿像是花季少女热情似火，一会儿又变成耄耋老人慈祥而和蔼。这是东方最美的微笑，是一种过滤了苦难后的从容淡定。千万磨难，淡然处之。每进一洞石窟，一尊尊佛像，或坐，或站，垂下眼睛，目光下视，一脸平静地注视着来拜访的世人，寂静中，佛教的文化气氛悠悠缥缈在空气里。"保护修复文物的价值何在？"与同学探讨争论着。我想，文物体现着古人精湛的技法和高深的艺术素养，文化底蕴深厚，它们渲染的文化气氛、拥有的文化精神内核是其成为精神寄托的原因所在。

烈的风，柔的雨，瑰丽与雄壮的激烈碰撞，是我对这段文化旅程的深刻记忆，跨越时空，亘古永恒。

西行散记

高一（12）班　刘峻豪

坐在回程的飞机上，看着舷窗外的风景离我们越来越远，变得越来越小，我恍然发觉：原来游学已经接近尾声了。过去一周中的一幕幕，像电影一般在我的脑海中浮现。七天，说长不长，说短不短。其对于一个人的一生而言，可以说是转瞬即逝的；然而它所带来的所思所感、留下的点滴记忆，又都会成为余下的生命里最为宝贵的财富。

把镜头拉回一周以前，彼时的我还在为这一趟充满挑战的旅程做着最后的准备工作。作为一个之前从未离开父母出游的人，一个个意想不到的问题接踵而至——要装多少衣服？要带哪些药品？要为防晒做什么准备？甚至连最后的装箱，都是在父母"手把手"的指导下才完成的。我突然意识到自己原来距离想象中的成熟，还有如此遥远的差距。这样曲折、不易的行前准备，给我平添了几分担忧——离开了父母，我真的可以自理生活吗？

于是乎，我想把这趟旅程的名字，叫作成长。

行程的头一天，是在绿皮火车上度过的。有生之年第一次坐一整天的火车，心中自然是紧张与期待并存。但随着时间的推进，脑海中的忧虑一一被打消。一路上与同学、老师为伍，有大川、大漠相伴，再多的不安，也在这此起彼伏的欢笑声中，化作对于未来几天的期许；在这辽阔无垠的沙海中化作对大自然的赞叹。和我一样，大多数同学都是首次到西北来，现有的了解大多来自课外阅读、观看影视作品等。所谓"读万卷书，行万里路"，只看书不旅行，了解只限于纸上谈兵；只旅行不看书，也顶多只能算是走马观花；只有把"读"和"行"有机结合起来，才能获得真正属于自己的体会。火车慢慢悠悠地行驶在西北大地上，透过车窗向外看，飞沙走石，黄沙漫天，已颇令人震撼。夜幕降临，数千公里的路途接近了尾声，而向窗外看去，年均降水量仅二百毫米的甘肃，竟好似为迎接我们的到来而下起喜雨。隆隆的惊雷，将同学们一路上本就高涨的热情推向了高潮。

下榻酒店休整一晚后，我已经脱去了昨日的舟车劳顿，怀揣着憧憬，迫不及待地开始了第二天的参观。这一天里给我留下深刻印象的，不仅仅是大自然的鬼斧神工，更是我们祖先的巧夺天工。张掖的七彩丹霞，像是上帝打翻了的"调色盘"，其颜色之丰富难以意象；而嘉峪关关城，则是古代工匠们智慧的结晶——连外城门前一条小小的坡道，都有着隐蔽、防御等精心的考量。若不是有幸听导游的讲解，恐怕我自己永远也无法注意到这样的细节。历史变迁，如今大西北已经不再是动乱频发的不毛之地，而是各民族和睦相处、生机盎然的希望之洲。现在的嘉峪关，早已不再需要承担军事上的防卫任务；但它将永远以"天下第一雄关"的姿态，傲立于中华大地，矗立在每一个炎黄子孙的心中。从一座城的荣枯，看一座城的兴衰，这或许就是学习历史的魅力所在。

　　第三天的主题是爱国主义教育。今年又适逢中国共产党百年华诞，这个话题被提起的次数自然也就更加频繁了。这一次，我真正被革命先烈的精神、意志所打动；真正感悟到了什么是"爱国主义"，什么是"家国天下的情怀"。在巍然耸立的西路军纪念塔前，三个班的同学整齐列队，顶着西北的烈日，怀着肃穆的心情，以最崇高的敬意，悼念近百年前在这片土地上战斗牺牲的一位位英雄们。纪念仪式中，我和田同学荣幸地被选派向烈士敬献花圈。举着花篮，我小心翼翼地走上台阶，稳稳地把它放在纪念塔前几步的位置，用手轻轻地整理好悬挂在上面的挽联，然后从侧方走下台去。而后，进行了入团誓词的重温。恍惚间，脑海里突然浮现出了两年前入团时的情景，那是一种怎样的兴奋与期待。但随着时间的推移，"团员"这个身份给我带来的荣誉感、责任感仿佛渐渐退去，学习、生活中也时常忘记以更高的标准、更严的要求规范自己的行为。当下重温入团誓词，加之被西路军战士们的英勇事迹震撼，一种从未有过的强烈的情感在我心中萌发——我为我是一个团员而骄傲；我为我是一个共产主义接班人而自豪！

第四天是我们期待已久，而又都望而生畏的一天。二十余公里沙漠徒步，对于所有人来说，都是一场前所未有的艰巨挑战。简短的誓师仪式过后，随着冲锋号震天的鸣响，一百多人的队伍正式踏上了征程。在戈壁滩中行走，最大的挑战是暴晒和酷暑。走出去不到一公里，汗水就已经浸透了全身。帽子、手套、防晒服都像是刚从水里捞出来一样，可我却不能将它们摘下——烈日会灼伤每一寸暴露在外的皮肤。我们班的队伍很快走在了最前方，我曾以为徒步就是竞速，率先到达终点是唯一目标，然而霍老师却提出了一个令人意想不到的要求：在离终点仅剩两公里的时候，要求前方"急行军"的同学们慢下来，等待后方的人跟上来后，一起完成最后的路程。出于对成就感的渴望，加之下午烈日的咄咄逼人，我起先并不理解老师这样做的用意，直到她在补水点将全体同学召集到一起，语重心长地向我们说道："同学们，你们觉得什么是'12班速度'？难道走得最快的人就可以代表12班吗？我更希望的是大家能走成一个整齐的队伍，因为我们是一个集体。我想让所有人都跟着走得最慢的同学的速度，这不是他的速度，是我们12班的速度！"听到这里，我情不自禁地鼓起掌来，忽然想起从前叶老师在年级会上所说的一段话："一个人可以走得更快，但一群人可以走得更远。"只有不放弃每一个人，才称得上是一个集体，也只有在一个集体中，个人才能得到最大的提升。最后，我们12班的同学走在了一起，由霍老师和刚才走在队尾的同学领队，所有人跟在他们的后面，大家一起唱着红歌，完成了这一段终生难忘的旅程。

或许正如临别前，仅仅相识了几天的导游——一位标准的西北汉子所讲的那样，人和人的相遇，是一场缘分，有缘起总会有缘落。当下，我们和西北的这一段缘分已经接近了尾声；两年后的此时，当高考最后一科收卷的铃声响起，我们同学之间的缘分会不会也就走到了尽头呢？许多年后，当我回想起那次游学，回想起那时身边的每一个人，回想起已经尘封许久的高中岁月，又会作何感想？

芳华易逝，但青春不老。

震撼

高一（13）班 毕宇彤

甘肃，在我印象中是处有些荒凉的地方，是大片大片沙漠中偶有两三人家的那种。但当身处这处地跨四大地理区的土地，一周之内我震撼连连！

游学的第一站是独特的丹霞景区。古老的岩石在岁月中被流水侵蚀、沉淀后披上了五彩霞装，化为沉睡的美人静静地躺在群山间，与大地同呼吸。一旁，是连绵不绝的群山，此起彼伏的高峰与低谷铺满了苍茫大地，一眼望不到边。而那山上的颜色尤其特别，让人不禁感叹大自然的鬼斧神工，红色、黄色、褐色、绿色、蓝色、米白色，一层一层的，将大地染成一张无垠的丝绸布。而近处的、远处的、更远处的颜色往往不同，有的像五彩斑斓的宝石，有的像水墨丹青……各种层次的颜色将这"丝绸"装点得越发丰富多彩了。我站在观景台上，眼前好像浮现出当年丝绸之路的繁华胜景，耳边似是传来了悠悠驼铃声。

不光是自然景观，甘肃的人文底蕴也是闻名中外。

走进嘉峪关，那高高厚厚的城墙与在烈风中岿然不动的四角城楼无不彰显着我泱泱华夏的气势磅礴。看着那宽阔的练武场和在岁月里被车轮与战马轧出凹痕的地砖，我好像看到了将士们血战沙场，竭尽全力护一方安定。

来到神秘的莫高窟，这里的佛像与壁画已满是岁月的痕迹，大块的壁画在地震中坠落，可这都不影响它的震撼人心。墙壁与天花板上几乎没有空白，全部被五彩斑斓的壁画填满，红色、绿色、蓝色的图案与线条在米白色的底色上排布着，丰富而不杂乱，多元而和谐。那佛像的雕刻工艺更是炉火纯青，袈裟褶皱的流畅让人不得不佩服千年前手艺人的智慧与精湛技艺。走过一个个洞窟，仿佛跨过了漫漫历史长河。

除了甘肃壮丽的景色与浓郁的历史文化气息，这次游学的另一大亮点便是戈壁徒步活动了。

一开始，我们全副武装，在稀疏分布着芦苇丛的戈壁中向前行进着。路边的野花与芦苇让我感到新奇，原来印象中空无一物的戈壁中竟会长出依水而生的芦苇！脚下的沙子比我想象的要松软很多，迈步时常常陷进去。随着队伍的前进，芦苇渐渐多了起来。不久，我们已身在芦苇丛中了，伸展的枝条常常会挡住去路，剐蹭到衣服，路渐渐难走了起来。不过这时我还未感到太多疲惫，还对自己的体力保持自信。

穿过大片的芦苇丛，摆在眼前的就真的是茫茫戈壁了。我们不断向前走着，翻过一座沙丘还有一座等着我们。在这荒无人烟、飞鸟罕至的戈壁滩上，除了蓝天与沙粒，只剩下行进的队伍。火辣辣的太阳悬于头顶，闷热与酸痛接踵而至。飞巾与帽子隔绝了伤人的紫外线，却也隔绝了凉爽。哈出的每一口气都笼罩在脖子与脸庞前，一层层的衣服被汗水浸湿，膝盖与脚面叫嚣着酸痛。

终于，我们到达了休息站，可短暂的休整并不能抵消劳累。再次启程，只走了不到一半的路程，我心里便产生了一丝绝望。望向前方，是一望无际的单调的戈壁滩，再没有了任何植物。我深深吐了一口气，正想着如何转移自己的注意力，几句歌声从耳后传来，是班里的男生。我也不禁加入了他们。伴随着音乐与欢笑，这行进好像一下子就没那么枯燥乏味了，我浑身仿佛也充满了斗志，疲惫一扫而空。而且每走出一段，就有老师给我们冲凉，水珠挂在脸上，带走了炎热。我们想到哪唱到哪，不知不觉间就走出了好几公里。

一个小时又一个小时，这路途仿佛没有止境，我终是唱不动了。一步一步拖着疲惫的双腿，膝盖的僵硬与疼痛已不可忽略。午后的阳光比上午更为毒辣，冲凉的水只能支撑几步路，我频频望向下一个休整处，翘首以盼可以快点到达。

"还有最后两公里。"老师说道。我倍感兴奋，胜利仿佛就在眼前。可几分钟后，同样的话语再次出现。"两公里"仿佛是一个无底洞，永远也走不完。这时，身边的同学拉起了我的手。她冲我点点头，小声说道："一起加油。"我看着她同样疲倦的神情，点了点头，然后，向前走。

忘不了终点就在眼前的兴奋感，我用尽最后的力气奋力冲去。红线落地，二十二公里的徒步终于结束。

甘肃，是沙粒漫天飞舞的地方，是将士们挥洒热血的地方，也是我们携手度过一个又一个困难的地方，是我高中三年一场绚丽的难忘回忆。忘不了这里的大好风光，也忘不了校旗高高飘扬于这片土地的欣喜与自豪。

无言的有声

高一（13）班　刘格宇

也许因为太丰富，也许因为太精彩，面对过去七天的游学，我竟有些语噎，一时不知从何道来那些无言之美。思索良久，我想，那便从所听到的开始吧……

绿皮火车哐当哐当一路向西，我们的欢歌笑语也从北京一直播撒到了大西北。车厢虽小，却溢满了同学们的笑声。只闻得阵阵歌声入耳，沿途男生唱完女生唱，时而低沉，时而欢快。在飘荡萦回的合唱里，在老师们详细周全的叮嘱声中，我们抵达了张掖。

一夜无话。次日清晨，我们踏上了前往丹霞的路。途中导读的同学带领大家齐诵诗篇，为同学们带来一个个传说与史实。同行的老师也对大家的讲解不断补充，虽然是在车上，却无比充实多彩。

随着目的地的接近，窗外出现了布满褶皱的山脉，红与黄铺满了大地。六百万年的红装依旧靓丽如初，红颜不改，风华正茂。同学们都忍不住感叹，只有亲临现场，方觉行万里路的意义。耳畔是响彻山谷的风声，眼前是自然震撼的美景，一切尽在不言中。

离了天然的画卷，来到人工的杰作。

这是，六百多个日与夜压不住的锦绣，是难咽的浊酒，难掩的泪水，难言的边远——嘉峪关。

它孑然一身地立着，凛然默然，以周身黄土来迎挡那横扫戈壁的风。伟岸间也倍生出苍茫孤寂之感，不愧是天下第一雄关。

匆匆几眼，岂欲望穿？

鲜艳的旗帜在阳光下飘荡，传来上下翻舞的声音，黄沙有些迷眼，在泛白的城门下，仿佛传来了阵阵马蹄声。

铁马冰河入梦来。

没错，多少商旅从此经过，多少游子自此远行，这里曾有着多少理想，多少泪眼，多少作别，多少远征……他们的故事成为历史，而现在，舞台已属于我们。

带着些许不舍告别了嘉峪关，来到红西路军纪念馆。在进行了祭拜仪式，参观了各类展厅后，更为深刻地体悟到了红军精神。永垂不朽的英雄精神令我和同学们都倍受鼓舞。

汲取了思想力量之后，我们转入实践——戈壁徒步。正午途经的戈壁寸草不生，帽子湿透了新鞋套也破了，或许是因为一路上同伴的歌声，又或许是出发时的鼓声和号角声令人充满斗志……耗时七个小时，我们最终完成了二十二公里的徒步！结束时回眸望向深深浅浅的几串脚印消失在地平线，我又怎可能忘记这白茫茫和金灿灿的戈壁滩？

过后再度回首，当我行走在正午的沙砾上时，我脑海中回荡着莎士比亚的那句"请再忍耐片刻，转眼就是夏天了，野蔷薇快要绿叶满枝，遮掩了它周身的棘刺；苦尽之后会有甘来"。

我听到了：苦尽甘来。

我很难想象，几百年前玄奘是怎样只身一人横穿茫茫大漠的，千年前劳动人民是如何一步步走出丝绸之路的。我只在荒原之上行走了半天，而他们，没有补给，没有救援团，没有引路人，任凭自己的双脚便开拓出了通往西域的征程……着实可敬可叹。

风能拂去串串足迹，但它无法抹去的是，独属于你我的青春记忆。

经历了这次"双脚走天涯"后，我们再度启程，赴千年莫高之约。

怀揣着一种沉甸甸的心情，我进入了莫高窟景区。在初踏入洞穴的那一刻，我是迷茫的。或许因为面对的是一千六百多年前的色彩。我不知道是应感叹自己尚年轻，还是该对自我的渺小有所触动。我默默地听着讲解员的讲解，青金石、松石等宝石颜料遍布四面墙以及覆斗顶，朱砂点缀其间，活色生香，一眼千年。

讲解员指着一个略显斑驳的飞天娓娓道来："你们现在看到的颜色，是初唐的人民染上的。"在这昏暗的一隅空间，两侧的每一寸地砖，头顶的每一个飞天，菩萨胸前的念珠，释迦牟尼腰上的金箔，无一不是前人细细勾勒出的。立足在这并不宽敞的窟中，四面都是千佛，头顶环绕着叫不出名字的人物，仿若时光倒流，壁上那些因为铅的氧化而变为灰黑色的人物再度恢复初貌，我无言地看着他们，他们亦默默地望着我。在这跨越时空的对视之中，我已然接受了一场洗礼。漫漫历史长河流淌，丝绸之路上的商人旅客、虔诚的僧侣们，络绎不绝地驻足此处，寻求佛祖的庇佑。而我，世纪之后，来到这里，面对同一尊塑像，同一幅画作，接受前人的洗礼。佛祖普度众生，而这些鲜活的生命，一个个凡人，他们以他们的方式，用圣洁的信仰与不朽的精神，点亮了戈壁，升华了我的灵魂。

有个遥远的地方，那里佛音渐起……

下午，在苍黄的大漠间，在翻涌的云海外，在诗人的笔墨中，在甘凉的泉水下，在沙丘的波浪旁，在拂过绿洲的晚风里，在鬃毛飘飘的马背上，在宛如长歌的驼铃声内，在大大小小的沙窝边，出现了你我的足迹。

这是最后一站：鸣沙山与月牙泉。

在这里，我听到了天地的合奏，我听到了古今的合音。景区里放着《阳关三叠》，我想到上午莫高窟里反弹的琵琶、失传的箜篌……唯有此景，此地，此时，方能切身体悟到，何为天籁。

> 我听闻英雄挽歌，大漠沙鸣。
> 我听闻载歌载舞，人马喧腾。
> 我听闻角声吹彻梅花，胡云邀接秦霞。
> 我听见了远方，那里有我们的呐喊；那里有北京
四中莘莘学子，青春的高歌。

西行志

高一（13）班　刘　上

今日凌晨，酒店天台。

"真的要离开了吗？"我自言自语道。是的，七天的旅程

实在过于短暂。穹顶之下，一架闪着夜航灯的飞机正缓缓飞过，明天，我也将要踏上这样的返程。思绪随着飞机的航迹，回到了那广袤的大漠里……

10日午后，鸣沙山。我和几位同学以较快的速度，不依靠云梯爬到了东山顶。远处沙丘之间，便是"沙漠的眼"——月牙泉。自初三语文一模考到月牙泉的文段之后，我和月牙泉就定下了一个约定。"终于……"我长叹一声，呼出刚才爬山产生的所有污浊的空气，让沙漠特有的凉风沁润我的心脾。这阵风拂过泉边的水草带来轻轻的摆荡，拂过月牙泉水带来微微的涟漪，掠过鸣沙山卷起薄薄的一层沙子，经过骆驼道旁传出驼铃声声。"这真的是月牙泉吗？"我不禁自问，有种不真切感，但眼前的景象又告诉我，这里确实是鸣沙山月牙泉。望向月牙泉一侧，有高耸入云的沙山来依傍，有气势恢宏的楼阁来拱卫，泉水还泛着晶莹的波光。月牙泉丝毫不羞赧地接纳沙漠里强烈的阳光，甚至连周边那五彩的日晕也在内。再望向景区外一侧，沙漠越野车的车辙在沙山阳坡上划出优美的弧线，而旁边的骆驼就稍显散漫，用自己不疾不徐的步伐刻下自己的印记。山护泉，泉映山，山泉相应，多少年来鸣沙山都没有吞没这一泓清冽的甘泉，多少有种自然庇佑的意味。再望着自己走上来的脚印，一步一步，就像是我们学习的过程一样，需要每一步都踩实踩准。而这又使我的思绪继续向前倒，倒回到沙漠徒步的那个晴朗的下午。

9日午后，戈壁滩。这难得一见的苍凉景色，无疑勾起了同学们那根血气方刚的神经。我们扛起班旗，朝着目标迈着大步前进。我们踩过满是石子的戈壁，踏过稀疏的长着沙漠灯笼花和杂草的绿洲，又走过因为长久干旱而龟裂的地面。西北的荒凉不需多说，只要看看四下里没有人烟的情景以及带着沙子的大陆风之强劲，便都已经清楚，而这也增强了我们征服这茫茫戈壁沙漠的愿望。我们走着，五公里，十公里……等走到第十五公里时，麻烦来临了。阳光突然失去了云层的遮盖，开始露出它炽热刺眼的面容。身体汗液蒸发量顿时增大，背着的两瓶水瞬时就被消耗殆尽。所有人都知道在沙漠中失去饮用水意味着什么。由于我是先锋队，回头望望后面13班的大部分同学，至少有着二百米的直线距离，还不算翻越沙丘。向前看看，距离下一个红旗飘扬的补给站也有着三百米的路程。是回是走？我当机立断，决定：继续，向下一个补给站进发！既然是先锋队开路者，就没有理由回头走一步。况且我所面临的情况并未达到那种地步，还有着行走几千米的能力。我用仅剩的力气举高班旗，向补给站冲了过去。在我后面的同学们一定也都疲乏不堪，高高飞扬的班旗就是对他们最好的激励，这在告诉他们：前面还有咱们班的人！三分钟之内我到达了补给站，拿起一瓶水一饮而尽。水啊！生命的源泉，只有到今天我才理解你的意义。我又拿起一瓶水，继续激励着自己前进，十六公里，十七公里……我迈着开始时的大步继续行走在这茫茫荒野中，连续超过了11班和12班的队伍。终点的旗帜越发接近，前进的方向和目标就更加明确。二百米，一百米五十米……我用尽最后的力气，冲过终点，将班旗第一个插在了终点上。一切的努力都未白费，换来的也是令人满意的结果——二十余公里，六小时七分钟。约十分钟后，13班同学几乎全体到达了终点，大家一路高歌，赞扬彼此的努力，敬祝彼此的成功，我的眼眶是湿润的，嘴里也好像含着温热的东西一般，所有的劳累也都已释怀，取而代之的是彻头彻尾的，成功的欢乐！同学们在沙漠中努力前进的身影在我眼中渐渐模糊，我仿佛看到一支远征沙漠的红军队伍，在向着远方前进，向着革命理想前进，思绪也就不受控制地回到参观红西路军安西战役纪念馆的下午……

　　8日下午，瓜州县红西路军安西战役纪念馆，天朗气清，惠风和畅。纪念塔在西域特有的强烈阳光下熠熠生辉。听着主持人的演讲，我凝望着塔尖那红星，也许那就是西路军英烈们毕生所追求的东西吧。几十年前的硝烟缓缓滚过，我仿佛看到西路军在和敌人的战斗中，那顽强抵抗的英勇姿态。夜幕低垂，战士们的血凝成点点胭脂，流成片片殷红。在这样的沉重代价下，红军一部分成功到达星星峡与新疆部队会师。物换星移几度秋，现在，这片南依祁连北傍黑山的土地，沐浴在党的阳光之下，获得了历史上难得的发展快速期和黄金般的机遇。说到南依祁连北傍黑山的地方，就不得不提到天下第一雄关——嘉峪关。

　　7日日落时分，嘉峪关关城。

登上这高大的城楼，历史的肃穆感油然而生。嘉峪关的苍凉，可能来自于那支勇义之师冲出关楼，走上平定准噶尔的远征道路。战鼓擂地，号角鸣天，远处的祁连雪山也跟着震颤。

嘉峪关作为边关之一，着实承担了边关守卫和交通要道的重要地位。嘉峪关的苍凉，也可能来自明月朗照之时，边关将士的一声叹息。是的，这里真的太远了。现在，从距离它比较近的幽州来到此地，还需要二十六小时的火车和一天的汽车车程，对于那些生活在江南水乡的戍卒们，这里也许就是真正的远方了……嘉峪关的苍凉，还或许因了那祁连山上皑皑的白雪，又或是因那大黑山在北天空切出的剪影……出关之时，还遇到了于此地来说格外稀缺的降雨，长虹横列于主楼右上方的天空，也许是昭示着，古代将士们的勇气气贯长虹吧……

除此之外，来到河西地区，自然少不了张掖丹霞地貌和莫高窟的游览。对于丹霞，当地理课本上的景色就摆在你面前的时候，无疑是令人激动的。而对于莫高窟，我想说，能看到千年前的佛教造像艺术，真的是一种幸运，一种幸福。但一句"敦煌者，吾国学术之伤心史也"，也充满了沉重和悲痛。这无时无刻不在警醒着我们，自己国家的东西，一定要牢牢握在自己手里，无论是人文研究，还是现代的科学技术。

思绪回到现实，我虽已离开这片热土，但这一次游学，我所领略的西北的雄浑苍凉、历史文化的厚重和西路军的英烈精神，将常存于我心中。

总结

高一（13）班　刘粟炀

这次来到甘肃游学，我最大的感受是"大"。

这里的景色是广阔、广大的。在火车上的一天一宿，我们横跨了东西大半个中国，看到了西北大地上与东边不同的风貌。西北的山连绵不绝，像一道屏障横亘在荒原之上。因为草木稀少，黄土与石崖裸露在外，线条分明，让人感到粗犷、坚硬、雄壮。它没有高不可攀，却让人感到坚实、踏实。在丹霞的半天时间，我感觉自己置身于仙境。黑、白、红、黄、绿，五色的土壤堆积成山，环绕四周，衬在蔚蓝的天空之下，极高的饱和度冲击着人的视觉。蜿蜒曲折的公路上，偶尔有一辆白色的大巴驶过，那个场景，真的像一幅油画，印在我的脑海里挥之不去。我认为这个世界上最配得起"广阔"的东西有两个，一个是大海，一个是沙漠。站在鸣沙山前，看绵延的沙漠直连到天的那头。沙山虽称不上高耸入云，但初看也着实令人震惊，如一柄巨斧横劈在沙漠之上。黄沙、蓝天、白云，满眼都是巨大的色块，没有精雕细琢，不加任何修饰，只是一份粗犷、本真的美。

在这里，精神是伟大的、强大的。明知道处于敌众我寡的不利局势，红军西路军战士们依然选择顽强抗敌。他们撼毁了所有的电台和密码本,抱着必死的决心,上至指战员、政委,下至伤员伙夫,全部投身战斗。没有枪炮,他们就用大刀长矛与敌人肉搏;没有兵器,他们就用牙咬、手掐,只要还剩一口气,就要与敌人血战到底。最终,成功走到新疆的战士和还在河西走廊的战士部分留在了当地。他们隐姓埋名,不问功名,投身于公益事业。战时,他们奋勇杀敌;战后,他们没有坐享名禄,而是依然为祖国的建设事业作贡献。他们是伟大的,他们的精神将鼓舞激励一代代中国人,将红军的精神发扬光大,将祖国的未来建设得更加美好。

第三天的徒步,则是对同学们意志品质的直接考验。在真正踏上这片沙地之前,我哪怕在城市平整的公路上也没能走过二十二公里的路程。徒步开始,眼前是一望无际的大漠沙地,黄色、黄色、黄色,满眼的黄沙直伸向天边,仿佛路没有尽头。最难走的就是那片荆棘地。四周是高高的芦苇,一片绿色,但无法让人感到开心。荆棘、骆驼刺,一不小心就会扎在腿上。想要通过这片土地必须要手脚并用:行走时要小心不能踩在干枯了的、带尖的根茎上,腿也要尽力避开干枯了的骆驼刺的尖端,至于手,则要在合适的位置扒开挡在路中间的芦苇。好不容易过了荆棘丛,眼前又是一片茫茫大漠。经过了大半天的行走,大家都开始疲倦,不知是谁突然在队中唱起了歌。《我爱你,中国》《我和我的祖国》……一首首歌曲带给大家力量,让大家团结一心,继续前行。

下午的路程格外艰难,好在每隔五百米左右,就会有徒步教练为大家喷淋。一次，我们班的队伍偏离原定路线，教练老师就拿着喷水壶、搬了一大箱矿泉水走了过来。炎炎烈日下，老师的行为不仅为我们的身体带来清凉，也让一股清流流进了我们心中。当大家都有些走不动了，步伐逐渐慢下来的时候，路老师提议大家一起用同一个节奏前进。体委吹起了哨子，大家调整好了步伐，听到团结整齐的脚步声，整个人的确充满了力量。这或许就是团队的伟大，大家团结一心，就能迸发出不可抵挡的气势。"行百里者半九十"，终点将至，最后的路程更为难熬。"同学们，还有两公里就到补给点了！""同学们看到前面那片树林了吗，走到那里就可以休息了！""看！前面那两间房子后面就是大巴了，上了大巴就可以休息了！"路老师的声音不断在耳边响起，在大家都觉得前途迷茫，终点遥遥无期的时候，他不停地鼓励着大家，给大家希望，把遥远的路途变为一个个小目标，带着大家不断前行。

就这样，在大家满心期待，以为自己终于来到了补给点时，才发现已经到了终点，二十二公里的路程就这么被大家一气呵成地走了下来。不管合不合适，我都想用"伟大"来形容这次徒步。同学们团结一心、克服万难，努力前进、挑战自我的精神是难得的、值得骄傲的，而所有陪我们一起把这二十二公里走下来的老师们，更是伟大的。如果不是为了我们，老师们本应该舒服地待在家里休息，现在却在这荒无人烟的戈壁滩上，忍着身体的不适陪我们徒步。老师们把我们当成了自己的孩子，这份关心与爱，是伟大的，是令我动容的。

这里，历史是厚重的、博大的。站在嘉峪关上，看四周大漠无边，我想起了"大漠孤烟直，长河落日圆""黄河远上白云间，一片孤城万仞山""黑云压城城欲摧，甲光向日金鳞开"。我仿佛听到了千百年前，这座城下战马嘶鸣，看到了壮士杀敌，也看到丝绸之路上来往商旅百姓络绎不绝，听到驼铃阵阵，走向关外的广阔西域。到了敦煌，站在莫高窟前，王道士的故事历历在目。当初读《文化苦旅》时，有关敦煌的几篇我反复读了三四遍。有恨、有泪，也有庆幸。如余先生所言，我也想回到百年之前，回到那个日暮，看着王道士，问他怎么那么傻，区区几百两银子就卖了几千年的历史与文化。我想阻止斯坦因，告诉他这些经书属于中国，它们永远是中华文化的一部分。我想随行一起押送经书入京，质问那些贪官，这几千年的历史岂是他们想撕下一卷就能随意毁坏的。可惜，我回不去。当真的站在洞窟之中时，我感受到了未曾有过的震撼。三十多米高的大佛，布满整个洞窟的壁画，栩栩如生的飞天与佛像……我不信仰佛教，但这不妨碍我尊重这些古人的信仰，我对这份信仰表以至高的敬佩。我不信佛，但如果真的有佛，我想莫高窟一定是离佛最近的地方。

边塞之地，其壮其大，寥寥千字，不足蔽之。

最后，我想对所有随行的老师和导游表达感谢与敬佩，你们辛苦了。

奇迹

高一（13）班 王宁喆

敦煌机场在飞机的舷窗中愈来愈小，短短六天的游学即将画上句号。回望此行，有太多欢乐，太多收获，就此分别不禁万般不舍。

我们在火车上一路向西，看到了草原到荒漠的风景；我们见证了自然画下的彩丘画卷，感受到了雄关历史的厚重和气魄；我们重走了丝路，为西路军的烈士感动；我们走过莫高窟，为历史长河中留下的艺术之美惊叹；我们在鸣沙山上俯瞰月牙泉，赞叹自然的奇观。但最难忘的，当属戈壁穿行。

古有玄奘单枪匹马横跨茫茫大漠西行，今有四中学子结伴穿越茫茫戈壁"远征"。

背上行囊，全副武装，头顶烈日蓝天，脚踏沙砾裸岩，迎面吹来的风强劲而炙热，像是戈壁对我们的宣战。

来吧！一群整装待发的热血少年早已迫不及待，在热烈的鼓点和号角声中毫不犹豫地接下宣战书，列队迈向前方未知的戈壁滩。

想飞上天

和太阳肩并肩

世界等着我去改变

……

戈壁并不全是石头，还有覆盖其上的粗沙和细沙。风过沙起，每一秒沙砾的分布都在变化，没有人知道下一步会踩在坚硬的石面上还是柔软的沙堆上。一步一步，一深一浅，尽管走在沙子上时一踩一陷借不上力，我们这支队伍依旧斗志昂扬地往前进，队伍前方蔚蓝的校旗和橙红的班旗随风飘扬。

不知是谁带头唱起了歌，从欢快的动画片主题曲到节奏明快的红歌，青春的声音随着戈壁上的脚步徐行。这一次不用担心跑调可以尽情放声歌唱，因为在如此广阔的戈壁间，除了彼此和沙海，又有谁能听到我们的歌声呢？

想做的梦从不怕别人看见

在这里我都能实现

……

烈日渐渐地高了，能带给我们凉意的劲风也在不知不觉间小了。毒辣的阳光将头顶的帽子和身上的衣服烤得烫手，面纱好像不但没有起到遮阳的作用，反而形成一道屏障阻碍了顺畅的呼吸。闷热，让歌声渐渐消失了。

视野里突然出现了一片芦苇，取代了单调的戈壁。平时不起眼的芦苇荡，在几乎寸草不生的戈壁间却是如此令人向往！被晒蔫了的同学们，像被浇了水一样又把身板挺起来了。

歌声，又一次响起来了。前进！前进！

近了，更近了，半人高微微发黄的芦苇把我们包围了。

然后我们就意识到，在戈壁芦苇中穿行要比在光秃秃的戈壁本身上穿行还要困难。芦苇密密地扎根在板结的沙土上，必须紧跟着前人的脚步踩倒一些芦苇才能开辟出一条弯弯曲曲且不时上坡下坡的路来。即使是翻越很小的一个沙坡，也变成了一件并不容易的事情：上坡时往上走一步就要往下滑半步，而下坡时又要格外小心以防一脚踩虚滑到坡底。看似柔弱的芦苇实则尖利，一不小心蹭上就会划出个小道。

我的全部注意力都放到了脚下，再也没心情唱歌了。汗水将帽子紧紧黏在额头上，背包也像是被人用强力胶直接粘在了背上，我一把拽开防晒服的拉链却根本无济于事。

可是这一次歌声没有停。女生清脆的声音、男生稳重的声音，交杂在一起从后面的队伍里传过来，此起彼伏，未曾间断。

身边的芦苇忽然不那么让人讨厌了。明明是水生植物为什么还能长在戈壁里呢？明明已经被晒得枯黄，为什么还能长得如此茂盛呢？

明白了，原来芦苇和我们一样啊。

穿过芦苇，面前是一片花海。

这种感觉怎么描述呢？那些小巧玲珑的花朵像是一个个雪白的小铃铛挂在枝条末端，花边是紫粉色的渐变，中间一点淡黄色的花蕊则是误入铃铛的星星。戈壁花海！令我惊讶于大自然的奇观，感动于生命的顽强，一时无言，内心澎湃。

> 大声欢笑
> 让你我肩并肩
> 何处不能欢乐无限
> ……

响午，身后十公里。再也没有比面包火腿配绿豆汤更好吃的午饭了——特别是坐在无边戈壁上，抬头看到了七彩日晕。

下午两点，一天中最热的时刻，戈壁中最难熬的时段，我们再一次出发了。

> 抛开烦恼勇敢的大步向前
> 我就站在舞台中间
> ……

热浪一波一波袭来，闷得喘不过气。举着班旗校旗的前锋队已经消失在地平线上，远方的沙丘后隐隐约约现出旗尖一点艳红。酸痛感从脚底开始往上爬到腿部，双腿沉重得开始不听使唤，原本整齐的队伍越拉越长了。

"停下！整队！"

戈壁上零零散散的影子缓缓移动，重新又聚成一面。

"一个人可能走得更快，但一群人才能走得更远！知道吗？都打起精神来！"

身边好友拉紧了背包带。"你怎么样？"我问。"有点晕，不过没大问题。"她笑笑。"不行别勉强，上车去歇会儿吧！""下午上车的话就不让再下来了。"她说话时眼睛一直盯着前方的戈壁，"没事，我发现我只要不抬头不低头，往前看就啥事没有。"

我也看向前方的戈壁。谁甘心屈服呢？我们大家要一起走出去，一个也不能少。

那面影子于是又顽强地在戈壁上往前移动。

喷淋送来了清凉的水雾。虽然这短暂的清爽完全无法与戈壁的烈日匹敌，却也足以带给我们新的力量。

"我觉得我又好了！"好友兴奋地往前紧走几步。

如果这时有一架航拍机，它一定能拍到在茫茫戈壁上缓缓前进的一个个小黑点。要是飞得低一些，它或许还能录到男生们斗志昂扬的歌声：

红军不怕远征难
万水千山只等闲
……

是的，想想红军！我在心里告诉自己。他们能做到在缺衣少食、敌人追击的恶劣情况下克服极端自然环境前行二万五千里，我们为什么不能铆足劲儿，在戈壁走五十里呢？

我相信我就是我

我相信明天

我相信青春没有地平线

在日落的海边

在热闹的大街

都是我心中最美的乐园

……

左前方的沙子似乎在浮动，好似粼粼的水波。"那是一片水啊！"有人兴奋地叫道。水？我清晰地感到了自己加快的心跳。紧接着又有人发现了右前方有一片绿色。生命的绿色！那是一片白杨啊！

兴奋让我们的脚步都不由自主地加快了。亢奋地走了几里路，水波消失了，取而代之的只有茫茫戈壁。

这就是所谓的海市蜃楼吗？

闷热感立刻重新将我们笼罩，有人不禁把大家的心中所想说了出来："那片树林也是海市蜃楼吗？"

没有人回答。沉默地到了下一个喷淋点，老师鼓励我们道："加油！还有两公里就到终点了！"

备受鼓舞的我们暂时忘却了戈壁，大步往前迈进，但远方那片绿色却好像在后退一样可望而不可即。

又一个喷淋点。"老师，还有多少公里啊？""不远，只有两公里了！"

　　只有两公里，走不到头的两公里。抬头望向远方那片诱人的翠绿，我几乎可以辨认出每棵白杨的枝叶，可为什么就是到不了呢？

　　但我从不承认那是海市蜃楼。我愿意相信并坚信它是真的存在的，它是我们走出这片戈壁的希望！

　　我想到了自己在西北边疆的家乡。记忆中的家乡蓝天白云绿树成荫，这样的家乡却是爷爷奶奶辈在戈壁上建起来的。他们是怎样冒着风沙顶着酷暑建设起城市的呢？他们是怎样吃苦耐劳奉献了青春的呢？眼眶不由一湿，眼睛却因粘上了沙子而火辣辣地疼起来。

　　这是戈壁，是我的家乡，是玄奘西行经过的地方，是丝绸之路所过的地方，是爷爷奶奶曾经奋斗的地方，是播种了坚毅生命的地方，是我们挥洒汗水的地方。从古到今，这个地方曾孕育了太多的希望，也曾见证了太多的奇迹。

　　所以我相信它也会见证我们创造的奇迹。

　　携手共进，相互帮助，相互鼓励。加油！还有两公里！加油！只有两公里！

　　　　我相信自由自在

　　　　我相信希望

　　　　我相信伸手就能碰到天

　　　　有你在我身边

　　　　让生活更新鲜

每一刻都精彩万分

……

我们看到了鲜红的五星红旗，立在戈壁上随风飘扬。五星红旗的前方，是盼望已久的终点。

"冲过去！"终点处的老师在向我们挥手。

我和好友似乎又有了力气，飞奔过去，胜利的乐声在耳畔响起。

再回首，茫茫戈壁在蓝天下静立。

I do believe

I do believe

……

游学结束了，但它带给我们的美好远没有结束。

光

高一（13）班　徐芳瑶

此时此刻，下了那一趟敦煌至北京的航班，六月份潮湿而闷热的风像是裹着一汪汪热水席卷而来，我们摇晃着手中的本子，眯着眼睛阻隔着刺眼的阳光。

还不太习惯于这样的光芒，柔柔的味道里藏着刀的锋芒；不像甘肃那里，阳光就是阳光，太阳毫不保留地高挂在天边，不含蓄不收敛地笑着，直射着云，直射着苍穹，直射着沙丘，直射着我们，让它们穿着最美的衣裳，跳跃在地平线之上。

每每这时，毒辣的阳光总会带着强引力拉拢我们的上下眼皮。但若是下意识地开眼，阳光便会带着它所直射的一切涌进来，确是一种美。

七彩丹霞地貌的上空，阳光奋力地挤在云的中间，露出小小的脑袋，闪耀着周边。嘉峪关上，太阳雨映射着彩虹，跨过城楼直抵遥远的天边，傍晚的日光倾在金橙的战旗之上，我们仿佛看到防守战士所在的城池中硝烟弥漫。站定在戈壁之上，我真正感受到何为"天圆"，何为苍穹。我或许真的看见了传说中的海市蜃楼，闪烁着，跳跃着，在远方沙漠与天的交界处。月牙泉边沙丘上，晚上七点的夕阳还远没有爬下山坡，迎着那湾弯弯的月牙，光翻越过一个又一个起伏的山峦。烈日下，水波跳动着，霎时间变得无比珍贵一般。

光牵着我们，引着我们的双眼，去看那些美景。似乎从没有去过任何一个像这样的地方，我们和太阳的距离那样的近，抬眼、低头都是光的足迹。确是这样干而毒热的光芒，创造着极致的景色。茫茫的世界，无边的沙漠一望无际，肉眼所即全是淡淡的金黄色。世界之大，却总有那么一刻，我们独处于天地之间，觉得自己与自然，是最近的存在。

一路上，我们不断向目的地前进着。记着有人常说："旅行中重要的不是去哪里，而是选择和谁一起去。"诚然，此次出行前，无数的问题都曾浮现在脑海之中。在火车上的二十六个小时应该怎么熬过？沙漠徒步到底是个恐怖到何种程度的旅程？我们怎么分房间？怎么分小组？我分在哪里？我的朋友们又分在哪里？一切的一切要怎么面对？此行前，实话实说，疑惑、恐惧、渴望、害怕驱使着自己，甚至因此收敛了那将要溢满的兴奋与快乐。

而幸运的是，和这样一群人一起出行，就像是抱住一缕希望的火光，燃尽所有的困惑与顾忌。

沙漠徒步固然是此行的重头戏。我们班作为最后一个班排在队列末尾。渐渐地，天热起来了，太阳已从正前方顺着自己的轨道升至最高。而后那么一段，就很忽然地，大家都静了下来，没人再说笑，也没有人抱怨过程的劳累，也许是风很大，埋没了声音；也许是正午太阳太晒，大家无暇顾及其他，只顾低头赶路。

而后，我们班渐渐被前面的班级落下了，前面零零散散的几堆人渐行渐远，翻过一座丘峦，消失在视野中。红色的队旗被风刮起的热浪撞击着，摇曳着，似乎风卷起沙，埋没了旗杆，卷住了旗角，最后隐隐约约地遮挡着全部旗帜。我们班，三四十人，就这样孤零零地，似乎又漫无边际地，行走在大漠中。

幸运的是，我们有一辆辆越野车为我们开路，每过一辆越野车，总有一面红旗飘荡在黄沙中，指引着下一辆车的方向。每每经过此地，总可以喷喷凉水。闪烁的水珠喷淋在身上，哪怕只是短短几分钟的清凉，也算是漫漫征途中的一丝丝希望。

有那么一次，越野车在左斜前方，而我们的队伍意见达成一致，直行前往以求最短距离。忽地，一位师傅缓缓地弯腰拾起水壶，略发黝黑的皮肤下大滴大滴的汗珠冒出。而后，那师傅有点蹒跚地挪移着脚步向我们而行，只为给我们喷淋这个简简单单的动作。或许真的没有多么远的距离，或许放在平时是再正常不过的几步路，但若是以这茫茫黄沙作背景，那么他就升华成了代表希望的光的样子。或许真的是累了吧，自己在那么一瞬间，被他的行为所打动，原本快要被蒸干的身体流淌出几滴泪水。

终不能忘记总有几位同学一路唱着歌，或许并不嘹亮，或许声音很容易被黄沙吞噬，但若是可以听及，那便是最美的声音。

感恩同行的一路人，他们是一道光，引领着我们成长，带着我们去到更远的地方，看到更美的风光。

身向雄关那畔行

高一（13）班　左乐文

举头三尺压檐低，箱包难入卧铺底。户透窗明倚众生，歌声满车扬几里。

——题记

当学长学姐们在高考考场上以青春为笔书写芳华，我们也为了拓宽视野和培养红色意志品质，来到了千里之外的大西北：几日辗转张掖、嘉峪关和敦煌，一路向西，看锦绣山河，巍峨雄关；育红色基因，薪火相传。

拓宽视野，一路向西

火车一路向西，大漠的荒凉尽收眼底。一望无际的黄土，其间扎根着小小的骆驼刺，遮住巴掌大的阴凉。田垄围起来小小的区域，种的是油葵、茴香和孜然，长在浅浅的土表。田埂上生着些白杨，和小时候课文里写的一样："那是力争上游的一种树，笔直的干，笔直的枝"，白杨就是这样，平凡而不凡。远看如针芒，近看似伞藏；高耸立荒漠，风过闻玱玱。大西北的白杨很多，北京却不多见，至于骆驼刺和龙爪柳等，也只能在百科全书的插图上见到。

大西北确实是个幅员辽阔和苍茫遥远的地方。目光所及几乎看不到人烟，只有孤零零的风力发电塔和电信基站牵着长长的引线，昭示着这里存在着生灵。土是黑灰色的，远山也是暗色。黑土上净是些大大小小的碎石，掩盖着曾经枯死在荒漠的遗根。云没有形单影只的，要么就万里无云，要么就长云压城。如此之下，天显得格外遥远，远到几乎看不见的黑山轮廓之上。另一面是高耸的祁连山脉，古语云：失我焉支山，使我妇女无颜色。失我祁连山，使我六畜不蕃息。山上的雪披千年不化，融水流下滋养着荒漠，生出西瓜，生出沙枣，生出葡萄，似乎大西北全部的生机都源自祁连山。

　　一路上看似平平无奇的风景，却和我们平日所见的中原之景不同，鲜少人烟，城镇也似暗夜里的星星，行车百里才能看见一处，更多的则是那些独属于大漠的风光。

锦绣山河，巍峨雄关

桂枝香·丹霞行

　　阔别重逢。仰群山逦迤，云净天澄。向背倾斜突兀，彩丘嶒嶝。昔日希孟江山绘，绕祁连，千年旧梦。红赤间间，又覆薄缕，似绕白珩。

　　踏木栈、近看壤层。星点细雪末，洋洒泥埂。依稀乱石罅隙，刺花蘅芜。五颜虹霓坠瑶池，化作七色丹霞峰。不知天公，忒爱张掖，姿妍韵丰。

　　上一次来丹霞还是五年以前。许久未见，又一次踏上疏松的红土，好似回到了从前。记得上一次来时，我还未上初中，那天天气不佳，我蹲在山头上，注意力却集中在四方屏幕上那"中国 vs 塞尔维亚　女子排球总决赛"上。

　　眼前的景观很是熟悉，无论是睡美人还是所谓灵猴观海，不过是智者见智的事情。我甚至几次搞错了山头——当然那并不影响会意，丹霞的山总是美的。

刚到张掖的那晚很巧，赶上了西北少见的雨，而且不小。因而丹霞地貌上，星星点点的碱粒从地里冒出来，远看就像山上的薄薄的积雪。

丹霞地貌的美很难用语言去描述，因为每一座山的颜色各不相同，或者说寸土无重色。于是写了一首词。好似那山本是红色，有一把刷子上蘸了五色的涂料，在山上肆意涂抹。天很蓝，在强对比的滤镜下就更蓝了，与五色山峦交相辉映。一个山头可以有四五种不同的颜色，石青、朱红、藤黄、赭石……展现在我面前的就像是当年王希孟的《千里江山图》一样。这种景致得益于大漠的干旱少雨，放到中原，可是罕见。

下午乘车过祁连雪山到嘉峪关，不知怎的一路上各种边塞诗在脑海中激荡。亲眼看见高耸入云连绵成片的雪山，于是暗暗吟诵"青海长云暗雪山，孤城遥望玉门关"。雪山不是没有爬过，但远距离地遥望，确实十分壮丽。山是黑的，是暗的，云层很厚，盖在山上，灰蒙蒙却不那么阴森，给人一种生人勿近的感觉。但覆盖在上的白雪，却为这巍峨壮丽的天上神宫添加了一抹柔情和圣洁。

嘉峪关

碧天长云暗雪山，绿坪黄沙堑墙间。

昔我冯胜定西凉，筑此雄关护长安。

金楼直壁飞牙檐，古今一辙碎石滩。

燕鸣戈锵绕孤城，大漠几时又起烟。

日夕至嘉峪关，观雄关飞虹，望黑云压城。北面黑山，南临祁连。嘉峪关的雄浑令人从骨髓中生发出一种敬畏，尤其是听讲解员老师讲述"定城砖"的故事，更生发出对古代劳动人民和长城守卫军的敬仰和怀念。于是不觉念起边塞诗："三春白雪归青冢，万里黄河绕黑山。"确实如此。嘉峪关城楼一边是一望无际的绿地，胡杨和骆驼刺点缀其间，另一侧则一片荒芜，不至于寸草不生，但也足以称得上是死气沉沉。远处黑烟冲天，然而并不是狼烟，而是钢铁化工厂的烟气。工业带动就业，同时再一次点燃了"狼烟"。

红色基因，薪火相传

本次红色研学以"青春向党，奋斗强国"为主题，我们自然要去西路军纪念馆。在来此之前我对红军西路军并不是很了解，只知道他们是在会宁会师以后前往新疆的一支队伍。来纪念馆听完讲解之后，我对这支队伍有了更深一步的了解。

1936 年 10 月下旬，红四方面军一部奉中革军委命令，西渡黄河准备执行宁夏战役计划，11 月 11 日，渡河部队根据中央决定称西路军。深入河西走廊的西路军将士，在极端困难的条件下英勇奋战四个月，歼敌两万余人，但终因寡不敌众，于 1937 年 3 月惨烈失败。

　　仅仅是一些文字，我们并不能够真正体会到红西路军行军的艰难。沿途经过的祁连雪山，我们几乎看不见它那高耸入云的山顶，上面还有厚厚的雪披。如果不是陈列在纪念馆中的一鞋一壶、一枪一弹，我很难相信有这样一支队伍能够在如此短的时间内，在逃脱敌方围追堵截的同时，跋涉穿过这样的雪山山脉。

　　很难理解，很难想象。如果不是中国共产党的领导，如果不是中国工农红军，这世界上又有哪一支队伍能够做到保持如此严明的军纪，在如此短的时间内克服巨大的困难？陵园里十分安静，只有生于斯长于斯的白杨才见过，那些战士当年的血洒疆场。岁月荏苒，光阴葱茏，我们绝对不能忘了那段感人至深的历史，不能忘了那些英勇不屈的英雄，不能忘记先烈们为了人民解放事业所作出的巨大牺牲与贡献。我们追忆那些艰苦的岁月，重温那段光荣的历史，展望如今快速发展的瓜州、甘肃、中国，我们要深知我们所肩负的责任的重大：红色基因，当由吾辈，薪火相传。

大漠行军，勠力同心

满江红·沙漠穿行

　　雁鸟不至，罕无人、不知彼方。黄沙起、残凉已退，头悬烈阳。风裁修苇铺石砾，尘卷细花曳芜荒。看那边、谁家行军，少年郎！

　　涡旋陷，坷土灌。天渐远，地萧疏。气将衰，常道四里有余。莽莽大漠何时尽，碛滩远看近却无。莫嗟怨、信坚皆可成，焉足惧？

我们这一次的甘肃之行，最让人激动的莫过于戈壁的二十二公里徒步穿行了。怀着激动的心情，我们乘车来到了目的地。其实在行军以前，我们并不知道即将面临的是怎么样的磨难，只知道二十二公里是我们从未徒步企及的距离：有多少个八百米呢？说实话，我本人是恐惧的。我有时候会低血糖、低血压，生怕自己会倒在戈壁里。

远望是茫茫大漠，几乎看不到一株植被；脚下是沙砾碎石，踏上去直往下陷，稍不注意鞋里就会灌进沙子。虽然当时风很大，体感也比较凉快，但是由于是个大晴天，所以非常晒。等到黑夜残存的些许清凉被阳光炙烤殆尽，连吹来的风也像热浪翻滚。心里怀着一个念想：走完全程，这样的体验或许是人生中唯一的一次，于是上了路。

戈壁的地形不能算复杂，但是也并不如我所想象的那般平。戈壁中有片芦苇滩里面甚至生着些小花，给一望无际的荒漠带来了一点点生机。脚踩在沙地上并没有往下陷，但是碎石粒和硬沙还是在往鞋里灌。这种粒状的软地最难走，再加上沙漠里本来就很热，很晒，行军就变得更加困难了。目光所及是看不到尽头的荒芜，看天也晕看地也晕，又热又晒又渴，几次看到水面竟都是海市蜃楼。我真的能撑下来吗？救护车和吉普车就在旁边，想上车随时都可以，但是一旦上了车就意味着结束了，意味着自己并没有完成徒步的能力和勇气。所以我没有选择上车。

在整个过程当中，我们既不知道方向，也不清楚全部的路程，甚至在很长的一段路上，没有任何标志，以至于我们无法得知目前处于什么方位，下一个补给点离我们还有多远，就像是在黑夜里行走一样，对前方的道路完全未知，没有任何盼头。"还有两公里！""还有两公里！"究竟有多少个两公里呢？远处若隐若现的是水滩还是海市蜃楼？树林离我们到底有多远？谁也不知道。尽管困难重重，但我们凭着坚韧不拔的意志品质，在老师们的精心安排和同学们之间的相互鼓励下，我们还是一步一个脚印地向前走。每当我们感到困倦和疲劳的时候，就会很自然地张开嘴唱《我爱你，中国》《我和我的祖国》《七律·长征》等红歌来彼此加油打气。脚下的步伐从未停下，你搀我扶，相互激励，歌声飞扬。

终点越来越近，我听到敲锣打鼓的声音，听到了车队的奏乐：成功了！我做到了！我们都做到了！尤其是我们班，高一13班，是三个班里队伍最整齐的一班，是掉队人数最少的一班。

都说在沙漠中留下的往事刻痕要很久以后才会随风消散，但我相信，这次的徒步，二十二公里，三万多步，八个半小时，将会是我们这辈子都不会忘记的，最珍贵的回忆。

千年莫高，月牙卧沙

色彩的斑驳是历史的刻痕，千佛的矗立是文明的流传，源远流长，生生不息。

莫高窟，是敦煌的标志，是甘肃的标志。无论是莫高窟壁画中的九色鹿的故事，还是飞天，甚或是九层楼中的世界第三大佛，都深深地吸引着我们。来敦煌怎么能不来莫高窟？来甘肃怎么能不来莫高窟？

因为文物保护的原因，莫高窟里不允许拍照，因为拍照可能会损坏壁画。我们一路只能靠脑子和手机备忘录记录。僧人身上衣褶的流畅，神情的庄重，充分体现了当年工匠们的高超手艺。无论是"东方的蒙娜丽莎"，还是覆斗形顶的洞窟，抑或是无数洞窟上绘制的千佛，都让人感叹不已。我没有见过任何一个地方像莫高窟一样，也从未对任何一处景点生发出如此多的感想。

我能从莫高窟里看出先人像礼佛的虔诚，能从莫高窟里看出工匠精湛的工艺，还能从敦煌学和莫高窟文物研究院看出现代人对于莫高窟文化的保护和热爱。这比什么都重要。这是我们自己的文化。

临行前有同学问我，莫高窟到底是一个什么样的地方，能让无数人如此着迷？我想他现在应该知道了。这是一种源于心底的文化自信。我买了许多莫高窟的文化纪念品，向老师借了莫高窟壁画的书。我想好好的，再看看莫高窟。

看一眼月牙泉就回头。鸣沙山月牙泉是我们此行的最后一个景点。这是我第一次看到中国真正的沙漠。记得在西亚，我看过鲁卜哈利沙漠，再对比这里的鸣沙山，似乎完全不同。

鸣沙山很高，如此高大的山，就是由沙子堆砌而成的，实在是令我不敢相信。我只在纪录片里看过如此高大的沙山。还有很多骆驼，非常可爱，当地人为了方便骆驼行走，甚至设计了骆驼专用的红绿灯。就算是今天，置身于茫茫沙漠之中，也仿佛能够随着悠悠的驼铃，回到千年以前的丝绸之路。

我和同学在山下看过月牙泉的清澈后，打算爬上沙山，从高处看月牙泉。我们手脚并用，从一处看上去摇摇欲坠的绳梯向百米高的沙山上爬去。沙子很软，很容易陷进其中。鞋套也坏了，灌进了大量的沙子，脚下滚烫。但是经历过戈壁穿行之后，这点痛又算什么？山顶果然好景致，从山上往下俯瞰，月牙泉是那么的安静，那么的祥和，躺在沙山的怀抱中。是一片金黄中的一抹翠绿。风吹过，沙子从山上滚下又滚回山上，这也是这么多年，月牙泉始终如此清澈的原因。

近些年来，月牙泉越来越浅，现在已经不到一米深了。但是我相信只要我们用心去呵护它，去保护它，月牙泉终会恢复曾经的生机。我期待有一天在月牙泉中，重新看见铁背鱼。

不知不觉已经说了这么多了，由此可见，这次的甘肃之行确实给我留下了很深的印象，寥寥几句怎么能说尽心中的豪情？快乐的时光总是短暂的，现在我已经回到了北京。临行前我做了一首小诗，赠别亲爱的陇西：

长云垂碧湾，清早别雄关。

千年黄沙里，待我还来看。

　　相信总有一天我还会再来甘肃，相信总有一天我的足迹还会踏上这些曾经到过的景点。我之所以珍惜这次旅行，不仅是珍惜美丽的景致，更是珍惜一同出行的同学们、老师们。我会永远记住这段快乐的时光，这段我们一同走过的岁月。

第四章 陕西线：延安光芒

——延安精神 大放光芒

一、每日行程

日期	活动地点	课程领域	活动内容	活动项目及目的
第一天 6月5日	北京 — 延安 （火车）		全天	车次：北京—延安Z43 20：12—06：20 （行驶约10小时08分） 活动目的：
			乘火车前往延安	充分利用车程时间，通过预习《游学手册》，设置行前课题，分配活动小组等任务，养成"游学期间"学习的习惯，做到带着问题去游学
			用餐：××× 住宿：×××	预习内容：《游学手册》
第二天 6月6日	延安 （汽车）	爱国政治历史	上午	课程：寻访革命圣地，重温光辉历程 活动目的： 1."四·八"烈士纪念碑前敬献鲜花，缅怀革命先烈，重温峥嵘岁月
			抵达陕西延安，参观"四·八"烈士陵园（祭奠活动）、欣赏《延安保育院》演出	2.欣赏催人泪下的《延安保育院》，懂得革命的艰辛，思考生命的意义，坚定理想与信念 3.通过参观延安革命纪念馆，回顾红军长征历程，学习长征精神。见证中国共产党从弱到强的发展历程
			下午	4.深入枣园革命旧址，探访领导人故居，走进一间间朴素的窑洞，参观简陋的陈设，懂得革命胜利的来之不易。激
			参观延安革命纪念馆、枣园革命旧址	发爱国主义热情，传递艰苦奋斗的革命精神
			用餐：××× 住宿：延安	预习内容：纪录片《长征》 相关人物：毛泽东、周恩来、朱德、王若飞、叶挺、博古等

续表

日期	活动地点	课程领域	活动内容	活动项目及目的
第三天 6月 7日	延安 ｜ 壶口 ｜ 西安 （汽车）	历史地理	全天	课程：赏黄河雄姿，品陕北江南 活动目的： 参观壶口瀑布，感受"黄河之水天上来，奔流到海不复回"的雄浑壮观。考察黄河地质地貌，合唱《黄河大合唱》，观看陕北特色"安塞腰鼓"，增强民族自豪感 预习内容：歌曲《黄河大合唱》《南泥湾》、电影《南泥湾》 相关人物：王震等
			参观壶口瀑布	
			用餐：××× 住宿：西安	
第四天 6月 8日	西安 ｜ 临潼 ｜ 西安 （汽车）	人文历史地理书法	上午	课程：感悟秦朝历史，领略文化古迹 活动目的： 1.参观秦始皇兵马俑博物馆，了解秦俑复杂的制作过程与意义，探讨秦朝统一六国后，实施一系列措施的深远意义。思考短暂的秦、隋朝何以造就强大的汉朝、唐朝 2.参观碑林博物馆，了解书法发展的历程，认识各种书法字体（篆书、隶书、楷书、草书等） 预习内容：贾谊《过秦论》，影视《大秦帝国》等 相关人物：秦始皇等
			参观秦始皇帝陵博物院	
			下午	
			参观碑林博物馆	
			用餐：××× 住宿：西安	
第五天 6月 9日	西安 （汽车）	人文历史地理	上午	课程：梦回汉唐，筑梦未来 活动目的： 1.参观陕西历史博物馆，感受十三朝古都历史遗存，回顾陕西特有历史风貌，重温丝路文化脉络，展望祖国美好未来 2.通过参观中国航天科技集团公司第六研究院，见证祖国航空航天事业飞速发展，学习老一辈航天人的奋斗精神，提高国防意识，激发爱国热情 预习内容：《国家宝藏第一季》《钱学森》《东方神州》
			参观陕西历史博物馆	
			下午	
			参观中国航天科技集团公司第六研究院	
			用餐：××× 住宿：西安	

续表

日期	活动地点	课程领域	活动内容	活动项目及目的
第六天 6月 10日	西安 ｜ 北京 （火车）		全天	课程：毅行锻炼体魄，脚步丈量古都 活动目的： 通过分队进行古城墙徒步活动，锻炼意志品质，增强团队凝聚力。徒步沿途浏览古城风光，了解古代城墙的军事用途，加强国防意识。加深对西安丰厚的文化底蕴和人文内涵的了解 车次：西安—北京 G666 16：05—21：31（行驶约 5 小时 26 分）
			参观古城墙（徒步活动），乘火车返回北京	
			用餐：××× 住宿：×××	

二、且行且思

游学体会

高一（4）班　刘欣彤

到达陕西后的第一天，我们来到了延安。过去，只能从书本里、影视中、报刊上了解到延安光辉的历史，看到延安雄伟的身影。巍巍宝塔山，清清延河水。那时的延安在我的记忆中代表了一段历史、一个时代。1935 年到 1948 年，这里曾经是中共中央所在地。毛泽东等老一辈无产阶级革命家在延安战斗、生活、工作了十三个春秋，领导全国人民进行了艰苦卓绝的斗争，作出了关系中国革命前途命运的一系列重大决策，为夺取全国政权奠定了坚实的基础。

走出火车站，迎面看到的是几个鲜红的大字"革命纪念馆"，一瞬间，我途中对延安所有的不安和紧张全部消散，没有错，这就是我心目中的红色圣地——延安！

延安的枣园使我印象深刻："简陋而伟大！"树木丛生的园中，排排简朴的窑洞，老一辈革命先烈们就在枣园这小小的一方天地中运筹帷幄而决胜千里，以雄才大略，指挥了一场又一场至关重要的伟大战役，取得了一次又一次震惊世人的光荣胜利，就是在这昏暗的油灯下、斑驳的桌椅旁写下了一篇又一篇指引着中国革命前进方向的光辉著作。看到这些，我对"艰苦奋斗"这四个字有了更为深刻的理解。其中，毛主席居住的窑洞令我印象最深。在毛主席旧居前，我久久肃立，心情无法平静。窑洞里光线昏暗，简陋的木桌陈列在窗前。而一想到正是在那张木桌上，毛主席撰写出了《论持久战》等大量具有远见卓识的政论著作，我就深深感叹它所承载的是怎样一段中国革命的峥嵘岁月，给我这样的后来人以无穷的警醒与力量。

《延安保育院》的舞台剧更是令我难以忘怀，除了精彩感人的故事情节，独特的舞台呈现方式也是这部剧的重要特点。该剧融合了民歌、秧歌、安塞腰鼓等具有陕北地方特色的艺术表现形式，使革命年代的生活场景跃然在我眼前，让我意识到这是一个个真实的故事，一个个鲜活的生命，情不自禁地流下眼泪，心情久久无法平复。

第二站我们来到了西安，亢老师告诉我们西安旧称长安，意味长治久安。当这座曾为十三朝古都的城市静静地矗立在我的眼前时，我就已经心潮澎湃。我在来到这里之前，家长就反复嘱托，说一定要好好观赏秦始皇陵兵马俑，当时只觉得这一个个土偶和深沟浅壑一定是乏味至极，可是亢老师的一句话彻底改变了我的看法，他说："秦朝总人口约两千万，而筑陵劳役达七十二万之多。兵马俑修了三十余年，这些修筑它们的工人们可以说是把一生最后的时间全部留在了这里。老外总说我们中国没有雕塑艺术，却在看到兵马俑的时候大吃一惊。"兵马俑是古代墓葬雕塑的一个类别。古代实行人殉，秦始皇相信事死如事生，因此制成兵马形状的俑与其一同下葬，死后也要做掌管千军万马的皇帝。而这些我曾认为毫无意思的土俑，现在看来其实代替的不仅仅是一个个上战场厮杀的战士，更是一个个凝聚自己全部智慧于俑身的工匠。它们不就是古人们智慧和意志的化身吗？当我用这样的眼光看一个个兵马俑时，我发现，他们的一丝一缕头发，举手投足的动作，衣服鞋底的花纹都是那样栩栩如生，透过他们，我仿佛可以看到那支令人闻风丧胆的大秦虎狼之师整装待发，随时准备给予敌人致命一击！两千多年前的古人们可能只是为了完成皇帝的命令而在这里兀兀穷年，他们一定想不到，两千多年后的今天，后人们会簇拥在秦兵马俑前，为我国的艺术成就而感到骄傲。

"青春向党，奋斗强国"红色主题
陕西线游学心得

高一（4）班　姜懿桐

百年征程波澜壮阔，百年初心历久弥坚。为党庆生，我们开启"青春向党，奋斗强国"红色主题陕西线游学之旅。

隆隆的火车声带我步入漫漫历史长卷。

八百里秦川大地，五千年人杰地灵。半坡文化，源远流长；炎黄结盟，华夏奠基；西周崛起，关中风云；秦定六国，一统中华；楚汉相争，霸王别姬；废周建隋，重兴长安；大唐荣耀，盛况空前；宋元明清，军镇重地；抗战以来，红色根基。

天空泛白，朦胧之间，已踏入这片神圣沃土。困意全无，整装出发。

虽一夜无眠，但不觉疲惫，满怀激情地参观了"四·八"烈士陵园、延安革命纪念馆和枣园，观看了大型红色历史舞台剧——《延安保育院》。

步入"四·八"烈士陵园，肃然起敬，先烈事迹，可歌可泣，触动心弦。叶挺的《囚歌》在脑海中回荡——"我应该在烈火和热血中得到永生"。"烈士业绩照千秋，星星火炬指向前，千言万语表决心，革命遗志我继承"表达了每位四中学子的心声。

延安革命纪念馆以一幅幅照片、一件件文物、一尊尊雕塑、一张张图表、一个个场景再现了革命的艰苦岁月。我们仿佛看到了当年的浴血奋战，闻到了当年的战火硝烟，听到了当年的激荡号角。千万豪杰奋力呐喊，枪林弹雨，腥风血雨，义薄云天。

驻足枣园，不舍离去。这里是我崇拜的伟人曾经工作和生活的地方。漫步在伟人曾经走过的小路上，内心跌宕起伏。一棵棵枣树，苍翠欲滴，意蕴绵长，简陋的木门、窗棂，简单的家具，就是在这样狭小、阴暗的窑洞里，伟人们雄才大略，运筹帷幄，决胜千里，写下了一篇篇不朽的光辉著作，培育了永不磨灭的"延安精神"，取得了一次次震惊中外的伟大胜利。

转瞬，延安之行结束，我仍意犹未尽，回想一幅幅生动的照片、一件件珍贵的文物、一段段感人的故事，思绪又被拉回到了那个年代。神游间，自己仿佛也成为一名光荣的革命战士，与老一辈革命家共同战斗，对前辈的革命风采和不屈不挠、艰苦奋斗的革命精神有了更为深刻的理解。

踏着《赶牲灵》的节奏，我们穿过广袤厚重的西北大地，来到了世界最大的黄色瀑布——壶口瀑布。

"源出昆仑衍大流，玉关九转一壶收"，这里铭刻着古老的黄河文化，渗透着祖先自强不息的精神。未进入景区，就听见震耳欲聋的声音，仿佛万马奔腾。进入景区，顿时感受到李白诗中所描绘的"黄河之水天上来，奔流到海不复回"的万丈豪情。浊浪翻滚、水沫飞溅、蒸云接天、雄壮磅礴。看到"黄河大合唱"几个鲜红的大字，不由得唱起"风在吼，马在叫，黄河在咆哮……"越唱越激奋，突然明白了为什么在民族危亡的时刻，东渡抗日的将士选择在此誓师出征。

接下来的兵马俑、碑林、陕西历史博物馆及城墙是我与父母同游过的景点，但此次故地重游，感受却截然不同。可能是自己长大了，加上也学习了有关史实，带着思考的游览有别于走马观花的参观。

被誉为"世界第八大奇迹"的兵马俑，在令人震撼的同时，也彰显了一代帝王的昏庸，为了个人意愿不惜浪费大量人力、物力、财力，这也是秦朝短命的原因之一。

碑林的临摹令我耿耿于怀，无论如何也达不到书法家的出神入化，于是干脆自己凭感觉写一幅，不料发给父母还获得了赞叹。

航天六院之行令我骄傲，其作为我国航天液体动力之乡，在神舟飞船、国内外卫星近百次发射中保持着100%的成功率，创造了世界航天史上的奇迹。

站在城墙上，望着这座十三朝古都，悠悠岁月，滚滚红尘，华夏文明的璀璨，泱泱大国的辉煌，令我们自豪。

从延安到西安，寻历史足迹，历红色征程。忆往昔峥嵘岁月，幸福得之艰难，吾辈时代青年，当勇往直前，继先辈传统，扬革命精神，载中国之梦，助民族复兴！

我们

高一（4）班　朱恒烁

在我观看《延安保育院》时，有一个场景令我印象十分深刻：一个小男孩在深夜里哇哇大哭，对着前来安慰自己的保育院院长喊道："你不是我妈妈！"其他的孩子突然也跟着哭起来。这时，一些身着黑衣的演员或从舞台后走出，或从舞台上飞下，身上点缀着的银灯犹如寒夜中的启明星。他们和保育院的战士们一起跳舞，平复了孩子们的焦虑与不安。

然而在真正的革命年代，我们恐怕并没有像这样如神仙一般能从天上飞下来的自带光环的人。

那么，我们有什么样的人呢？

在保育院，我们有着虽不是孩子的亲生父母却胜似亲生父母的保育员们。他们宁可把自己的孩子留下，也要把转移的名额留给其他人；他们宁可付出自己的生命，也要救起落水的孩子；他们像蜡烛一般，宁可燃尽自己，也要照亮后辈们的前程。

在枣园里，我们有着朴素而又勤奋的领导人。他们和老百姓住在一起、干在一起、战在一起。他们联合群众时不忘整顿党风，整顿党风时不忘亲自劳动，亲自劳动时不忘指挥战斗。因此爱国华侨陈嘉庚才会说："中国的希望在延安！"

在罗布泊，我们有着无数为祖国国防科技事业甘于奉献的科研人员。我们有战胜诱惑、克服困难返回祖国的钱学森先生，有不顾自己的安危保护重要数据的郭永怀先生，更有无数为了"两弹一星"事业默默付出的无名战士们。正因为这些伟大的人们，我们当今美好的社会才有坚实的基础。

虽然这些先辈大多已离我们而去，可他们永远存在于我们的心中，他们的精神永远存在于我们的行为中。

航天传统精神、"两弹一星"精神、载人航天精神……在六院的讲座上，王嘉源老师带领我们齐读了它们各自的内涵。在朗读的过程中我突然想到，这一个个精神的背后不知包含着多少艰辛与不易，又蕴藏着多少成功和喜悦。一位位元勋将精神一代代传递，最终又由老师将它交到我们的手中。

这种传承让我感到热血沸腾，更让我感到肩头沉甸甸的责任。

记得王老师在给我们做讲座时曾引用了航天工程专家戚发轫先生的一句话："每一个中国人把自己的工作干好，就是爱国。"我们这次行程的亢导游不管是从这个角度来说，还是从讲解角度来说，都是一位十分爱国的人。亢导游对于导游事业，或者说对于他的家乡满怀热情与激情。他会给我们绘声绘色地讲历史故事，也会豪放地唱起陕西的歌曲。最难忘的还是在参观秦始皇陵时，讲解耳机中时常传出的一首他唱的《秦始皇》："大地在我脚下，国计掌于手中，哪个再敢多说话。"亢导游把始皇帝的威严与秦地的豪情体现得淋漓尽致，更将自己的自豪感表达得淋漓尽致。

应该说，我们中华民族是最有理由也是最有资格自豪的民族。两千多年前秦建立大一统王朝，而后由汉朝进一步完成了文化统一，此后虽也遭受过外敌入侵，但敌人们不是被战胜就是被同化。试问，世界上还有哪个民族有如此悠久的历史，还有哪个民族有如此璀璨的文化，还有哪个民族有如此强大的生命力？

当然，生命力究竟如何不仅要看过去，还要看现在，更要看未来。

而未来，自然是由我辈决定。

网络上有一句流传甚广的话："哪有什么岁月静好，不过是有人替你负重前行。"我其实不太喜欢这句话，觉得应该把它改成"到处都是岁月静好，因为到处都有人替你负重前行"。同时我们也应当清楚，不可能有人一直替你负重前行。"家国天下的情怀，舍我其谁的担当"，我们已经到了勇担重任的时候了。

就像前文所说，爱国并非是一个十分神秘遥远的事情。担当也是如此。我们其实无须时时刻刻为了担当而做人，而是应该做有担当的人。这就意味着我们不必总想做一番大事业，最后只是哀叹自己生不逢时无用武之地；我们只需"把自己的工作做好"，把我们的学习学好，尽自己所能帮助身边人，并有所待有所忍，把握住真正的机遇，如此也算是一种担当。

也许有人会说我的这种眼界有些狭小，可我却觉得这才是真正宏大的格局。只有当担当真正渗透到生活的每一个角落，它才不会是一句空洞的口号，它才能真正成为指引我们方向的路标。

吾乡

高一（4）班　孙语涵

你会像爱一个人一样爱一个城市吗？你会不经意间说出乡音吗？你会在饿了的时候想念家乡菜的味道吗？你会在离开这方水土的时候恋恋不舍吗？如果你会，那么这个地方一定是你心里的温柔乡。你会忍不住想要回到那个地方去，像宝宝扑进妈妈的怀抱；你会喋喋不休地给朋友讲那儿的故事，赞美的话永远也讲不完；你会惦念着那里的一切，就算不在那儿但自己始终是那里的一分子。这就是家乡啊，是千山万水也阻隔不开的归宿。

不瞒你们说，虽然我生在北京长在北京，但我从来不觉得北京是我的故乡。我的爸爸是不折不扣的西安人。我们家里吃的最多的是面，是爸爸亲手烙的锅盔、擀的油泼面、拌的老鸹撒（一种很大的面疙瘩）。西安不知不觉中在我的心里烙下特别的印记，它散发着一种醉人的魅力，让我着迷。慢慢地，我越来越清晰地意识到，那八百里秦川才是我的故乡。

我来过西安很多回，但都不是以游客的身份。我家的房子在西安南郊，一个离市中心有点距离的地方。院子挺大，楼下都是老爷爷老奶奶。这间房子里摆着过去木匠亲手做的桌子，桌子上摆着爷爷的遗像。每次回去，我都会朝爷爷鞠个躬，再擦擦遗像上的灰。这个房子现在没人住了，只是我们回去时会暂时住一下。但是这儿有爷爷，有过去的日子，这是一大家人的归宿。所以啊，我家在这里，"此心安处是吾乡"。

出了小区，走到西安一条很平常的巷子，马路两边总是热热闹闹，行人络绎不绝。小饭馆一家挨着一家，都不大，但是人都满满的，总会听见"老板，来一碗油泼面"。我在其中享受着、感受着在北京感受不到的人间烟火气。

这次游学刚到西安的那个晚上，在黏腻的夏风之间，我又有了那种心中被填满的踏实感。路上各色店铺的霓虹灯像是在问候我——回家了？嗯，回家了。"羁鸟恋旧林，池鱼思故渊"，游子的后代也许还是游子，因为他们忘不了故乡。因此这次来西安，虽然是游客，但不是游客的心情，让我思绪万千的往往不是景点，而是故乡之于我的那些故事，那份源远流长的感情。

当你称呼这座城市"长安"的时候，历史的幻灯机一帧一帧播放，黄土一层又一层，十三个朝代在这里更迭。再早一些，我们的祖先在这里繁衍，中华文明在这里诞生。这里是十四亿中华儿女的故乡。

来到兵马俑，自己被笼罩在大秦的镜像之下。镜子的那一面，秦始皇大手一挥，千千万万秦兵呼啸而过。他立在六国的废墟上，欣赏着属于自己的天下。来自九百多年后的李白也感叹："秦王扫六合，虎视何雄哉！"镜子的这一面，秦王不在，但他的百万雄师在，只是他们被埋于黄土，化为黄土的颜色，让我们认不得。我努力找寻他们的面孔，即使支离破碎。终于，在昏黑的甬道角落，我发现了一张藏着的脸。他横倒在地上，遮去了半边的脸。另一半脸在微弱的光线下发着柔光。陶在烧制出炉时不及青铜闪亮，但是陶土在岁月中似乎更加自洽。他的颧骨很高，嘴角微微勾起。我本以为秦兵都应怒目圆睁，让人不敢近前。但他笑得淡然、温润，与陶土的柔光揉在一起，告诉我，他是胜利之师的一员。我不知道该怎么回答他，因为他不知道他引以为傲的秦，是怎样分崩离析，可怜地化为了焦土。其实他不需要知道，因为他处于镜子的这一边，一个永恒的盛大的映像里。

来到陕西历史博物馆的大唐展厅，就来到了胖女孩儿的春天。在展柜里的世界，听不到"烦死了，我怎么这么胖！"的抱怨，唐代的女孩子绝对没有现代女孩"永远减肥，永远减不掉"的烦恼。千年前的唐朝，鼎盛、开放，人们体态壮硕，"雍容"成为当时的时尚潮流。唐妞们绾着硕大的发髻，穿着华美的襦裙，圆鼓鼓的脸颊上涂上大块红胭脂。但唐妞也不是宅女，人家蹴鞠马球样样拿手。展柜外的现代的我，向往着那个可以快活做自己的大唐。时间不可以倒流，但是我们可以在每一个时代中绽放自己。

"有一座城市，它让人难以割舍；有一种怀念，它叫作曾经来过。"

西安永远是我的温柔乡。

往秦

高一（4）班 付一然

烈日炎炎，没有冷饮的夏日。

"您这个时间带队，晒在太阳下面不热吗？"

"……这是我对学生的负责。"

略过其他旅行团挑衅嘲笑的话语，带队的亢导游不为所动。他似乎就是陕西这边的人，说着一口地道的西安话。年龄不算小，皮肤有些黑，几条皱纹，多半是由于多年带旅行团造成的。亢导游的学识很渊博，我们这几天的出行多亏了他才收获颇多。

前往陕北延安的路上，我躺在床上听着一段一段呜呜的火车声，写了一首小诗：

> 轰隆，轰隆，
> 伴着我看不见的苍穹，
> 也许星仍挂天空，
> 午夜不遇，傍晚定会称颂。
> 可能每一条亮着的路都染着红，
> 踏上这条路，可以看到很久以前，
> 吃苦，耐劳，辗转几度，
> 待我们去依附，
> 通过这慢慢长征路。

我摸着黑从上铺下来，坐到走廊的座位上。山一座座从窗外闪过，奔腾着，舞蹈着。在凌晨漆黑的时光里，山与我同行，明月犹在，是件浪漫的事。

"1946 年 4 月 8 日，多名共产党代表参与重庆会谈过后，坐飞机回延安时坠机……"亢导游在车上这样解释道。阳光下，白石碑反着光更加明亮了。

"反正我第一次看的时候，是哭了。"介绍延安保育院的时候，亢导游提到一个舞台剧，就是我们接下来的行程。确实，小孩子不懂这部剧的精神，但是他们用稚嫩的声音说着最善良的话，和院长唱着最婉转的歌儿……这就是 20 世纪的精神吗？

咏而往西安。

早上，几个女孩子在车上唱起了她们喜欢的歌，引得大家同唱，车上的麦克风都没有停歇过。听说陕西的人唱功很好，婉转悠扬的信天游是他们最拿手的。沟壑纵横的黄土高原，这边儿一句，那边儿一句，悠扬传遍千里。所以我们也确确实实领略了陕西人的爱歌——八个小时的车程，八个小时的歌。

黄河之水天上来，汹涌的波涛如海一般涌来。大浪滚滚，翻涌着到了瀑布边上，倾泻而下，碎成浪花。风一扬，滔滔黄河水便如雾一般笼盖了天，又渐渐弥散在天上。此景背后，怎能没有歌？于是，一曲由我们歌唱的《黄河大合唱》为黄河配乐，记录在水花之中。

我们唱到了晚上七八点。最后的最后，伴着橙黄的灯光，车来车往，亢导游给我们放了一首《西安人的歌》。我笑着说他的西安唱得很有感情。

长安内外城车马声熙攘。

当我们走近兵马俑的时候，长安还是咸阳。数以百计的兵马俑整整齐齐，战马同样整齐划一。"西方人说我们不会雕刻，但是兵马俑是最好的反驳。"兵马俑的历史源远流长，是一代工匠的杰作。

兵马俑馆外，骊山是周边最高的山，朝着咸阳方向耸立。据说万古之谜秦始皇陵就在骊山的下面，但是因为种种原因至今还不能开挖。

真正让我感到恍若置身长安的时候，是在碑林。我们一队队地行进在绿荫下，看过黑色石碑，累了的话坐在外面的长廊上，听着亢导游对于石碑的理解。我们排排坐，照着喜欢的楷行草，在书法布上画了又画。有多少事情能比在烈日绿荫下和同学们一起临摹书法大师们的作品更快乐呢？

站于历史的交汇处，古时的长安城，此时汽车出出进进。绿树成荫，但遮掩不住浓厚的历史底蕴。立于突出的台上，想象我是古时候的文学家，来到古城西安，欣赏这盛世繁华。

别了西安，别了陕西，别了亢导游。

如果有下次，我愿再细细地感受一次这座城市的风韵。但定不如昨天，因为不再是那一行人。

别了，那一行往秦之人。

陕西游学游记

高一（5）班　王良钰

读万卷书，行万里路，把自己的亲身经历与知识结合起来往往能学习得更深入。因此这一次游学我收获颇多，并且体会和学习到了以前去陕西时不曾了解的东西。

第一天主要是与红色革命相关。寂静庄重的"四·八"烈士陵园，环境艰苦的枣园革命旧址，还有延安革命纪念馆，无不向我们展示了当年红军艰苦奋斗的场景。他们不怕吃苦，信念坚定，让我们感叹于当时的不易与现在的幸福。

让我印象最深的是舞台剧《延安保育院》。

在一次日军轰炸中，一位母亲深知已不可能躲过这次袭击，在生命的最后关头，她用自己的躯体挡住孩子，使他幸存下来，展现了母爱的伟大。之后，孩子被安置在延安保育院中，故事就此展开。

这里的孩子大多是红军战士的孩子，孩子在这里学习玩耍，红军战士就可以义无反顾地冲锋陷阵，奋勇杀敌。

一天深夜，一个电话急匆匆地打了进来。在电话的另一头，一位战士身负重伤奄奄一息，他用尽最后的力量喊着自己孩子的名字。"爸爸！"孩子也一遍一遍地高呼着。战争就是这样残酷，它使孩子与父母分离，红军如此，百姓亦如此。

好景不长，保育院的幸福生活在日军的轰炸中被粉碎了，他们只能开始转移。

雪山封路，他们就一步一步地往上爬。雪地很滑，他们时常会从山上滑下来，可是没有困难能难倒他们，滑下来一次他们就拍拍身上的雪，接着向上爬去。在翻越一座座雪山的过程中，终于有一个人跪倒在了茫茫大雪中。战士们极力想唤醒她，却最终无济于事，她用自己冻僵的身躯保护了一个孩子，使他免于寒风的侵袭。而她自己却永远留在了雪山之中。

翻过雪山，翻涌的黄河又挡在了他们的面前。滔天的黄河水不断席卷着，一遍遍地淹没他们，他们也一次次地顽强挣扎。终于，保育院长似乎是没有体力了，但她依旧奋力把孩子送上岸，用尽全力把孩子交给战友。但松手的瞬间，她自己又被拉入河中央，永远沉寂在了汹涌的黄河之中。孩子喊着妈妈！妈妈！她却再也听不到了。

我很喜欢舞台剧最后的一句话："保育院里有着我们最美好的时光，我们这些保育院里的孩子也早已是年过花甲的老人了。"不知为什么，在我看来，老人的回忆总是最动情的，也最使人潸然泪下。他们用生命保护孩子不光是因为这是他们的职责，更是因为这些孩子是中国的未来。少年强则国强，我们也正值美好的青春年华，应不负老一辈人用生命换取的太平盛世，不负韶华。

夜幕降临，第一天在对革命烈士的敬仰中渐渐过去。星星点缀的夜空，似是烈士们的灵魂在守护着我们，守护着中国。

骄阳升起，这一天格外燥热，仿佛预示着今天注定是不平凡的一天。

经过三个小时的长途跋涉，我们来到了壮观的壶口瀑布。只见两岸石壁峭立，河口收束狭如壶口，壶口瀑布一名就此得来。六月的西安像是一个大烤炉，空气中都弥漫着炙热的气息。不断朝瀑布走去，似乎有些水珠落在了身上，令人舒服了一些。走到岸边，立即被这壮观的景象震惊了。"君不见，黄河之水天上来"，湍急的水流泛起白色的浪花，滚滚黄河水如万马奔腾般喷涌而下，翻滚着，咆哮着，直击心灵。无数道急流碰撞在一起，又激起无数水珠，在阳光的照射下反射出夺目的光。两岸的石壁显现出被水流长久侵蚀的痕迹，河堤上种满了笔直的树，好像在守护着神圣的黄河。青山、黄土、急流，使人不禁感叹大自然的鬼斧神工。

之后几天我们参观了诸多博物馆，对陕西的历史又有了更深的了解。几天下来确实很累，但也充斥着快乐。

时间过得飞快，不知不觉已身处归途的火车中。车窗外，一抹橘色的阳光把天边的云朵染成暖色，几只归巢的小鸟掠过，留下几个小小的黑色剪影。就这样，在一派祥和之中整个车厢进入了酣眠。

随记

高一（5）班　高楠坤

延安，这座英雄、热血、伟大的城市，我怀着敬仰之心走向它。踏出火车站的那一刻，伴随着闷热的空气一同扑面而来的，是那庄严肃穆之感。在这座城市，红色是刻在骨子里的。

舞台剧《延安保育院》让我感受到了强烈的代入感，仿佛以一个旁观者的身份置身到了当年的红军战士身旁，看着他们的一举一动，内心被他们所牵动。

序幕

这里有岁月留下的清晰记忆，这里有生命镌刻的不朽誓言，历史的画面被定格在 1937 年中国抗战时期，红军遭遇的激烈战争又一次重现。战火纷飞的年代，人人渴望保住性命，但仍有人不惜用性命去完成更伟大的事。战士像海浪一样激流勇进，一个倒下了后面的三个四个冲上来，一排倒下了后面的一群人立马接踵而至，他们用身躯挡下了无数的子弹，用鲜血保卫着延安这座城。一位母亲在战争中中弹了，奄奄一息之际，她将自己的军帽扣在了襁褓中的孩子的头上……我的眼眶湿润了，我听到旁边有人轻轻说："我想我的妈妈了……"

转移

战火纷飞年代，孩子们快乐而幸福地生活在延安保育院里。随着战事愈发紧张，所有人员必须立即转移。严酷的现实告诉他们，有一个孩子将不能被带走。危机之中，院长选择留下了自己的孩子。我还记得当时的台词说："谁会舍得啊，谁会不心痛啊，但相比来讲还有更重要的事情，更重要的使命去完成啊。"院长的复杂情感从台词里流露出，那种声音揪得我的心痛极了，我可能永远感受不到，决定留下自己的孩子需要多么大的勇气与决心……

东渡

战斗打响了，小保育员为了救孩子身受重伤……一个个生命的离去，就像雷电一般惊动着孩子们的心。他们来到了黄河边，迎着冰冷刺骨，水流湍急的黄河，战士们义无反顾地用身躯抵挡住肆虐的炮火与巨浪，用大爱为孩子们护航，保护那份娇嫩的生命。只是院长妈妈，在救了孩子宏远之后，永远回不来了……她被淹没在波涛中，任凭岸上的人如何嘶吼也无济于事。在坚实的黄土地上，在广阔无垠的天空下，我只记得宏远大声地喊出了"妈妈——"这一声，是他对于现实的发泄；这一声，代表着他打开心结；这一声，是他会说话以来，第一次喊出妈妈！他没有妈妈，他的亲生母亲为了保护他早就离开了，但他有妈妈，在温暖的保育院中，每一个战士、每一个护工，都是他的妈妈，都是最爱他的母亲，都是为了保护他可以不惜献出自己生命的人，都是值得他爱、值得他去珍视的亲人，都是这个世上最值得人们敬佩的英雄！

尾声

一片寂静之中响起了一首献给母亲的歌，天籁般的童声如丝丝清泉浸润着每个人的心。曾经在保育院中的孩子们，在时光的穿梭中慢慢变成暮年的老人，再去回看当年那些真实的老照片，一张张稚嫩的笑颜，是亲身经历了那段岁月的人的最深刻的回忆。

我想我们不能忘记历史，不能忘记曾经那个为弱小的孩子撑起一片爱的天空的延安保育院，更不能忘记那些因此牺牲的人们。

观壶口瀑布

高一（5）班　李佳峻

我们行驶在从黄土塬上下来的盘山公路上，随着海拔的降低，有一种飞机着陆的感觉，耳膜也开始疼痛。历经几个小时的车程，我来到了这里。当一只脚刚踏到壶口的这片土地上时，一股淳朴厚重的气息便扑面而来。我不由得对这里产生了亲切感，就像"他乡遇故知"一样，用陕西话叫"瓷实"。

由于上游还没有降水，此时的黄河，泥沙量并不多。我在河边接了一瓶水留作纪念，对着阳光，清浅的水波光粼粼地映在瓶子上。我尝了一口，略带一丝土味，但并不腥臭，而是醇厚的那种。

黄河是勇敢的，它像一把利剑，在崇山峻岭中劈开一条通道。"黄河西来决昆仑，咆哮万里触龙门。"从西藏的巴颜喀拉山到山东的黄河入海口。

　　黄河像一条腾飞的巨龙，穿行在西北高原的秦晋大峡谷中。上游宽宽的河面到了这里形成了窄窄的峡谷，奔腾的黄河聚集在这里，它的压力好像要冲破这个峡谷倾泻而出。瀑布涛声轰鸣，水雾升空，惊天动地，气吞山河，让人看得心惊肉跳，让人听得震耳欲聋。正如诗人赞美的那样："源出昆仑衍大流，玉关九转一壶收。双腾虹浅直冲斗，三鼓鲸鳞敢负舟。"宽度有四百米左右的黄河，到了壶口，收成一个小口，仅有五十米左右。看到那湍急的水势，我的精神不由得为之一振。一种满足感，一种震撼感，一种狂野感，一种回归感，扑面而来。这里，能感受到母亲河的亲昵，这里，能体验到民族魂的昂扬，一种大气磅礴的气势，会把身心洗涤，会把天空大地涵盖，一种压倒一切的霸气，会把想到的、看到的笼罩，一种自然的无与伦比的力量，会把一切击碎，剩下的只有赞叹，再赞叹！惊诧，又惊诧！

　　我突然想起一句古文："虽乘奔御风，不以疾也。"虽然这句话是形容长江三峡的，但是我第一眼真的把黄河当成了长江。我国的治沙力度大大加强，飞机播种后，黄土高坡真正变成了青山。母亲河养育了中华文明，这是我们的反哺。

　　黄河见证了中华文明的荣辱兴衰，更见证了中国人民反抗外来侵略的坚强意志。我们在壶口瀑布旁合唱了《黄河大合唱》。"风在吼，马在叫，黄河在咆哮……"那汹涌的黄河水，让我的内心同样澎湃，我仿佛置身于抗日民族统一战线的汪洋大海,"保卫家乡,保卫黄河,保卫华北,保卫全中国……"

参观了壶口瀑布之后,我的身体似乎充满了一种不知名的力量,头脑放空了,腿脚却异常坚定地向前走……

我们与宇宙的距离

高一(5)班 许霆泽

浩瀚宇宙,美丽而神秘,仰望星空,引发人类无限遐想,像鸟儿一样自由地飞翔是我们自古以来的梦想。如今,人类已经多次走进太空,但这只是对未知探索的起点,接下来的路还有多远,恐怕是我们难以想象的。不过,可以肯定的是,这将是一条艰苦而又充满希望的道路。

参观航空六院,在西安行中给我留下极为深刻的印象。初来乍到,便有一种不同于其他景点的氛围:严肃且庄重。虽然我对航空航天略有了解,模模糊糊地知道一两个重要人物与事件,但此次跟随着老师的讲解,我第一次全面地学习到整个航空界发展的大致流程。百年来飞天梦想的探索,在我眼前如画卷般徐徐展开。

除此以外,六院之行给予我更多的是精神上的震撼。20世纪,在美苏争霸之时,中国正处于百废待兴的状态,在人力、物力、知识技术上远远落后。通过展览的老照片可以看出，我国当时的各项基础设施非常落后，大部分仪器的研制组装过程都是在破旧不堪的机库内进行的。门外杂草丛生，门内锈迹遍布，漆黑一片，很难想象那些高精尖的机械竟诞生于如此地方。

但是，这并不能阻挡我们前进的脚步。1970年4月24日，中国第一颗人造卫星东方红一号腾空而起，飞向黑暗的宇宙，化身为属于我们的明星，宣告着中国航天事业的崛起，全国上下举国欢庆。

三十三年后，杨利伟成为中国首飞太空第一人。紧随其后的是费俊龙、聂海胜等人，这些英雄们对我思想上的影响意义非凡。年少的我曾无知地认为，只要足够努力，没有什么做不成的。这句话确实不假，但我远远低估了所谓的努力究竟是怎样的。

航天员刘洋曾提到，航天员进行离心机训练，要承受六个或八个G的重力加速度，相当于六个或八个自己的体重压在身上，但二十年来从未有人因巨大的训练压力而中途放弃过。这些我们知晓或是不知晓的航天员们，尽管他们不知道自己最终能否翱翔太空，不知道自己的努力究竟有没有回报，不知道自己是否真的有天赋承担这一职责，但他们能做的，都在不懈努力。不说天分，我们能否像他们一样承受这份艰辛呢？

我想，在他们的内心深处有两大原动力作为支持：一是对于飞天梦的憧憬，二是对国家的无限热爱。所有的航天事业者们，怀着满腔热血，投身到无止境的工作中，内心希望自己的国家能走得更远。讲真的，这一份爱国情怀对于身处和平年代的我来讲，着实不及先人，这也是使我大受震撼的原因之一。

如何继承先人的精神，值得我们每一个人思索。游学期间我们曾学做简易火箭模型。老师将步骤打在屏幕上，同学们在底下照猫画虎地操作，完成后拉到空地试飞一两个，便算是活动圆满结束。可这样真的好吗？如此一来，我们的火箭制作无非只是一个为调节学生情绪，让大家快快乐乐地过完一天的"小品"了。如果说活动的目的在于培养学生兴趣，但我想说这样简易的活动对于高中生来讲，实则是太浅了！在我们之中，其实仍有部分同学愿意花更多的时间去听一听关于航天的基本理论知识，哪怕只有几分钟，经由专业人士讲解，想必也会有不少收获。如果我们能少走些形式流程，少几分自己的懒惰放纵，多几分求知，路应该会走得更远。

景海鹏曾说："一个人梦想实现了，必须有下一个梦想，否则人就会垮掉。就像人在太空，身体会失重，回到地面，如果没有梦想，灵魂就会'失重'。"飞天之梦，将由我们传承下去，拉近我们与宇宙的距离。

刻于方寸之间的历史

高一（5）班 王南熹

> 海枯石烂，曾经是我们关于时间最久远的想象，我们把字刻在石头上，期待它可以载着我们的故事，穿越时光。
>
> ——题记

泱泱大国五千年文明用文字铭记在书上，供后人翻阅了解，一部分人会不自觉被它吸引，想要探寻它的过去。

当去参观秦始皇陵兵马俑时，眼神掠过那一排排肃穆的兵马俑，脑海里涌来的是秦王扫六合时的威武与决心，是弱国无力抗秦而做出荆轲刺秦王的哀婉，是秦二世奢靡无度时的那一句"天下苦秦久矣"。

俑人唇边的那一枚指纹，仿佛是我看到一位认真的匠人，跨越了时间，就站在这里，就站在面前，聚精会神地雕刻着面前的俑人。"我们凝望着最初的凝望，感到另一颗心跨越时空，望见生命的力量之和。"那个千年前的匠人不会想到，自己虽化作了黄土一捧，但指纹却随着自己的作品流传至今。

透过秦始皇陵，甚至能依稀看出嬴政年少时向东而立，誓要将六国收归囊中的决心。隔着栏杆，似乎能听闻百万雄师下定决心报君黄金台上意，提携玉龙为军死时气冲山河的怒吼。

尽管两千多年前的人早已逝去，可他们用双手、用智慧留下来的文化与印记却被保存至今，被小心翼翼地保存在了博物馆中，静静地诉说它所见过、所领略过的风光。

文物，在被埋藏于地下的时候，它曾焦急地等待、期盼着有人能够发现它，让它重见阳光，从而书写那空了一段的历史，将守护了千年的秘密倾泻而出。如今，它们被簇拥在人群之中，翘首期盼着知音。

最后引用纪录片《中国》中的一段话作为结尾——

乱世带来了碰撞，碰撞催生了融合，融合孕育了盛世。

有情，有义，有爱；有诗，有歌，有梦。

他们是历史长河的一瞬，但他们见证了——中国。

黄河

高一（6）班　王雪卿

我已经回到北京，窗外是燥热的空气和喧嚣的喇叭声，卖樱桃的小贩照常经过大院门口，收破烂的阿姨依旧捡着纸盒，办公楼里的年轻人正埋头赶稿。看到公众号发文，点开，是前两天的《黄河大合唱》视频。前奏一起，周身的气氛都骤然不同了，我心潮澎湃，想到陕北的许多，于是写下这段文字。

陕北的魅力是巨大的，令我不可抗拒。平均海拔一千一百二十七米的茫茫高原，八百里秦川中洁白的白羊肚毛巾裹住暗黄的皮肤，辽远深厚的黄土中埋藏的几千年岁月……这里包藏着厚重的内涵和情思。一切情感都会在这片土地上被放大，所有的调和或温润都变成了轰隆隆的心声，再从穿云裂帛的嘶吼里喷薄而出，一如一川啸叫着奔腾着誓与大海撞个粉身碎骨的浩浩荡荡的黄河水，让天地间的安静或喧嚣都为之停滞。这就是所谓的"石破天惊逗秋雨"吧。

我想起在这片土地上有幸遇见的人们。他们的语言、他们的举动、他们的笑容都让我回忆起某篇写黄河河口一村落的文章，感受到一脉流传千年的风骨。文章讲述到，黄河流域中的人们，是爱恨交织的：频繁的改道和决堤让多少人流离失所骨肉分离，可他们又深切地知道这一脉水是他们生命的泉源。"爱黄河，恨黄河，离了黄河不能活。"然而就是这样的磨炼，令黄河与河边人达成了互相成就。几十年来，一年四季从不停歇的防洪建设让一代代人增强着生命的韧性，有了站在黄浪尖山上喊着号子垒起房屋的魄力。终于，"红掌花的红掌拨着清波，蝴蝶兰猛然地亮一下。还有野荷，硕大的荷叶捧着夕阳摇晃。苇花子泛着白光，前浪后浪地赶，似乎那么赶，能赶到大海。无数白色的鸟在蓝天下画着孤线，除了白鹳，还有白鹤、丹顶鹤、黑嘴鸥"。

黄河温和地拥抱了这里的人民，带给他们震天响的威风锣鼓和道不尽的美好愿景。可是黄河也会震怒。来到风雨如晦的年代——抗日战争期间，无数挺直了脊梁的人民背靠着千万重黄土高坡，前方是青纱帐中不可逃避的侵略者的刀枪。孩子在道旁哭啼，男人被杀害，妇女受尽凌辱。仿佛一切都永远地离开了他们。

然而不是。当他们回头望去，是风吼、马叫、黄河咆哮；是河西山冈万丈高，河东河北高粱熟。对于当时的中华民族而言，这片天地就是他们向侵略者亮出的底牌，是他们的生命，乃至整个民族生命的底色——势如黄河滚滚，烈似高粱红红。所以我想，抗战歌曲里频繁提及的这片土地上生长的一切，就是中国人昂着头颅下的宣战书。"保卫黄河、保卫华北、保卫全中国！"中国人要让自己的子孙后代看到奔流不息的黄河水，看到这片水里沉淀下的英雄魂魄，看到在这片黄土地上，他们的先辈是怎么站着战斗直到死去！

黄河是他们要用命去守护的，也是他们所有力量的泉源。我想，当抗日战争时期的人们无数次在绝望里沦陷时，许多人会站在河西高耸的山冈上，望着河东河北熟透的高粱涌动着一层层红色的波浪，听着耳边咆哮的浪涛，那一刻他必定重新觉醒，孱弱的脉搏重新变得有力，瘦弱的身躯足以扛起沉重的枪炮。正如当年与黄河搏斗的先祖所见一般："台风要来了，后面还有霜雪，还有冰凌。但河口人已没有什么好怕的，他们站在黄河大堤上，看着滔滔涌涌的黄浪，就像看着十万亩小麦浩荡的景象。"只要黄河不停止奔流，高粱红一片片在风里摇，黄土堆起的山冈不倒，陕北人的脊梁就永远不会塌，中华民族定不会亡！

　　黄河水从天边来，到天边去，流淌蒸腾之间，黄河文明润泽了四方。离开瀑布前，我和朋友装了满满一瓶黄河水。耀眼的阳光在略显浑浊的水里曲折射过，我看着泥沙缓缓沉淀下来，直到完全静止。耳边是轰隆隆的激荡声，眼前是沉静的一捧水。如果我足够幸运，或许在这水中，能寻着一片破碎的精魂。

启·敬

高一（6）班　李明雨

　　一颗颗躁动兴奋的心还没有平复，昨夜凉凉的火车空调冷气还未消散，新一轮的朝阳却已在车窗前渐渐显现，破晓的天静悄悄地叫醒了一个个车间，晨起的嘈杂声逐渐变大，恢复了昨日的生机与活泼。一声轰鸣之后，火车进站了，整装好行囊的我们要真正踏上延安之旅啦！

　　我们无比向往也崇敬着这个红色圣地，大巴车上，一双双好奇的眼睛新奇地望向这个到处挂着红色宣传标语的城市，静静地聆听着导游的讲解，努力去融入这座城市的革命历史。

　　第一站我们来到了"四·八"烈士陵园，怀着沉重的心情悼念 1946 年 4 月 8 日不幸在黑茶山遇难的烈士们。我们在毛主席书写的碑文"为人民而死，虽死犹荣"前举行庄重而又严肃的祭奠仪式，无形中使我们懂得崇敬英雄不仅在行动上，更在精神层面上。我们要永远记得这些英雄们，延续他们的骨气，做有舍我其谁的担当、家国天下的情怀的四中人。

凛然正气的《囚歌》还在耳畔回荡，我们紧接着去往延安大剧院观看《延安保育院》。一句"山丹丹花开红艳艳"就把我们一下牵回了抗战中尘土蔽日的黄土高原。饰演保育院院长的演员真诚投入的演唱把当时那些既是"妈妈"又是"军人"的大无畏形象展现得淋漓尽致，感人肺腑。

致敬在那些日子里为烈士儿女撑起一片天的英雄们！

"米酒油馍木炭火，团团围定炕上坐。满窑里围得不透风，脑畔上还响着脚步声。"对于陕西的窑洞，我一直充满着好奇，小时候没有来过，只是在《平凡的世界》剧作中看到过各种陕北风光。那一口陕北味的方言、沟壑纵横的黄土地、朴实无华的民风……无不让我对这片大地充满了期待。同时，影像中的狂风骤起、飞沙走石，也让我对这里的艰苦环境初有了解。如今去到枣园，走进毛主席旧居，看到当时党中央领导人的办公场地才真正理解了毛爷爷的那句话："从群众中来，到群众中去。"我们要感谢过去那些敢为人先的领路人们，他们不问辛苦，只为人民。

在这个朴素的黄土地上，我们以最朴实的情感开启了这趟旅途。

英雄主义

高一（6）班　张梓祺

敢于直面残酷，才是一种英雄主义。

——题记

昨天的游学活动可以说是以红色贯穿整条线路，其中令我印象最深的就是观看《延安保育院》舞台剧以及去"四·八"烈士陵园祭奠。

《延安保育院》

艺术会给人的内心带来巨大的震动。《延安保育院》讲了在战争背景下，延安保育院怎样保护军人子女和烈士遗孤。宏远和院长的故事最令我震撼。宏远是一个被救来的孩子，他始终执着倔强地对院长说："你不是我妈妈。"他用拒绝和抵触坚实地包裹住自己受伤的内心。战争局势日益紧迫，保育院被迫转移，因种种原因有一名孩子将无法被带走。当院长的女儿红霞说出"妈妈，我留下"的时候，不知道为什么，我就湿了眼眶。稚嫩的童声拨动了我心中某根脆弱的弦。就像每周日上学和妹妹分别时的场景一样，也许没有这般撕心裂肺，但是每次听到妹妹说出"姐姐，我陪你"的时候，总会有一种莫名的感动。与挚爱分别，也许就是这种感受吧。所以当院长被滔天的巨浪裹挟走的那一刹那，当她的女儿在高原上、宏远在河的这一边同时喊出那一声"妈妈——"的时候，我头皮发麻。那声音仿佛沥着撕心裂肺的血迹，在我的心间烙下了深深的印记。我在那一刻感受到了爱国主义，它不再是某种虚无的东西，而是真正地走到了我的心里，让我感受到何为个人生命的成全。

这让我思考，何为有价值的死亡？也许就是让生命有接续。当我的生命失去了意义，我愿意把我那微不足道的生命献给一些更有生命力的个体——那些被称之为希望的东西。你尽可以称之为无畏，或者称之为无私，它们都是建立在无我的基础上，摒弃了个人的私欲。"我将无我。"当我真正有了自由意志，我能为我如何去实现生命的意义做出抉择，那样我的生命就是有意义的——无论崇高或是平凡，不管是贡献给国家贡献给民族，抑或是贡献给一件微不足道的小事。

"四·八"烈士陵园

前面的祭奠仪式，群体默哀，当把头低下，不用其他过多的言语修饰，我便能感受到那种庄严和肃穆。不需要聒噪的张扬或是修饰，铭记，才是对烈士们的最大尊重。也许是我从来没有到过墓园的缘故，难以想象在石墓冢中压着的，曾经是一个个鲜活的生命。看到那黑白照片上微笑的嘴角、坚毅的眼神，看到他们生前诸多辉煌的事迹，最终却都化为黑茶山机毁事件背后的一抔黄土，融入茫茫的黄土高原……不禁令我想到我们应以何种态度面对有价值的死亡。最可怕的一种态度是当我们面对那些有价值的死亡时，不会引起我们内心一丝震动，我们无法明白他们死亡的意义，也不会明白活着是为什么，这才是真正令人悲哀的事。有价值的死亡之所以令人感到沉重，是因为他的生命联系着千千万万，他的死亡就像石头坠入湖底，所产生的影响像水的涟漪一样，一层一层推及开，而其所产生的涟漪，会感染到陌生人，会有人是因为受他的精神感召、感动，最终成为他的样子。于是，一个民族就有了脊梁，就有了无数英雄……

"对于世界你是一名军人，对于我你却是整个世界。"

"为人民而死，虽死犹荣"，几个鎏金大字在阳光下闪着光。刚拍完集体合照的我回头看，它们是那么耀眼，仿佛直直照进我的心里。它不时敲打着我的心，告诉我：用心去看，不要忘记某些非常重要的东西，某些流淌在民族血脉里的东西。

游学日志

高一（7）班 陈楷潞

踏着夕阳的余晖，我们开启了去陕西的游学旅途。

一开始让我感到震撼的是在火车站候车的场景。四个班一百多个人三五成群，聚成一堆看书、写作业。我听到车站中的叔叔阿姨轻声议论道:"看看这些孩子,就是北京四中的学生,果然不一般啊!"那一刻,我的心中充满了自豪,并且对接下来的游学越发充满了期待。

游学中让我印象最深刻的一项活动是在壶口瀑布边上全体同学合唱《黄河大合唱》。我一直听说壶口瀑布壮观,但是百闻终不如一见。汽车行驶在崎岖的山路上时,我们已经听见激流冲击在岩石上的声音,已经看见山谷中升起的阵阵雾霭。下到瀑布边上的路坎坷不平,我们小心地走到一片平地上。身后壮观的瀑布如万马奔腾般一泻而下,在奇形怪状的巨型岩石上碎成千瓣白色的水花。

烈日当头,全体同学迅速站好队形。随着杨希子老师的指挥,洪亮的歌声飘扬,吸引了众多游客前来拍照。"风在吼,马在叫……"我们的歌声愈来愈大,最后同黄河的咆哮声融合在一起。女生声音高亢而有活力,男生声音浑厚而响亮。我们发自内心地歌咏黄河,为它如母亲般的滋养,也为它所象征的中华民族自强不息的雄伟气节。

对于我来说,最充实而有意义的一天是来到西安的第一天。上午,我们驱车前往兵马俑。走进兵马俑坑,我立刻感到了一股扑面而来的历史厚重感。大面积的陶俑光是静静地矗立在那里,就足以带给人威慑与震撼。再细看,每个陶俑的服饰不尽相同,面部表情更是栩栩如生、各有特色。有丹凤眼、有细长眼,有的带着自信的微笑、有的不苟言笑且一身正气。阳光刚刚照射到坑中一角,兵马俑在光下熠熠生辉。

我刚踏入兵马俑坑感到的是震惊，但是当我细细观赏，看到那么多陶俑支离破碎，尤其是看到一匹战马只剩一个健硕的躯体倒在地上，破碎的四肢已经成为土地的一部分时，我的心情顿时沉重起来。无论几千年前的沙场上秦兵是如何威武潇洒，无论一统天下的秦始皇是如何威慑天下，秦始皇最终归于尘土，成为一个受后人褒贬不一的古人，浩浩荡荡的秦兵马俑也最终敌不过时间与自然的消磨，成为断井残垣的遗迹。

但是，当我走过一个又一个偌大的展厅，所看到的每一个陶俑似乎都在叙述着千年的故事，我仿佛聆听到阵阵回荡在心灵上的、厚重而古老的历史声音。宏大的兵马俑方阵静静地以亘古不变的姿势向每一个有心人讲述着历史，讲述着中华民族生机勃勃的文明。

下午，我们来到了碑林博物馆。正午阳光下，门匾上的"碑林"两个烫金大字熠熠生辉。随着导游的讲解，我们欣赏到历朝历代各式各样的书画作品。一块块石碑上有颜真卿的方正平直，有王羲之的行云流水，也有一个个如绘画般可爱的小篆。同学们端着学校下发的书写板和毛笔，看到自己喜欢的字便一笔一画地临摹，也互相对比讨论。

在这里，我发现了一幅我最欣赏的作品：明万历年间周之典撰何承勋书的《闲居乐歌》。我将大部分自由活动的时间花在观赏、记忆与临摹这幅作品上面。我一笔一画地细细看着，从一开始的单纯从美学角度欣赏，渐渐看到了每一笔中透露的那股闲适与自由。最后，这股轻松自在感染了我、包围了我，我的心灵渐渐放松，最终似乎融于天地之间。

这六天，我们还游玩并学习了很多很多。不管是从西安城墙上俯瞰到整个西安城磅礴壮美的风光，还是在航天六院受到王嘉源老师富有激情的演讲的熏陶而壮志凌云、心怀感恩的经历，都让我们终生难忘。

游学随笔

高一（7）班　文　雅

西安与延安，古代与近代，革命与统一，截然相反的精神内核在这次游学的旅途中碰撞出热烈的火花。

由东向西的火车缓缓行驶，我们的思绪也被一抹明艳的红色所牵动着，那尽头的彼岸是革命圣地——延安。

这次游学是沿着红军战士们的长征路线，秉持着"青春向党，奋斗强国"的目标，接受这沿途爱国氛围的熏陶。汉白玉的丰碑高高矗立在渺小的我们的面前，那是纪念"四·八"烈士的象征，在此我们为他们献上花篮。晶莹的露珠，映衬着花愈发娇嫩，浅黄掺着乳白，仿佛有一层亮光从花中漾出，随着轻拂的微风起伏跳动，生机在绿叶间缓缓流泻。"为人进出的门紧锁着，为狗爬出的洞敞开着"，那是叶挺在监狱里对自由的渴望，更是他对于共产主义的坚守，如果人失去了信仰和尊严，那么与没有思想的动物还有区别吗？

一个稚嫩的声音在脑海中回响——"妈妈，我留下。"延安保育院中的孩子们被迫因战争而转移阵地，当时规定一个家庭只能带一个孩子，所以院长妈妈只能在自己的孩子和烈士的孩子中做出选择，此刻院长的女儿做出了自己留下的决定。这对于一个母亲来说是多么残酷而煎熬的抉择啊，但是她只能忍痛割爱，拉起烈士孩子的手离开。今天五星红旗能飘扬在中华人民共和国的上空，从来不是几个人的功劳，而是广大人民群众在艰苦卓绝中奋斗出的成果。红色的种子植根在以身作则的领导人、冲锋陷阵的士兵、天真烂漫的儿童心中，最终开出满山遍野的丰厚果实。星星之火，可以燎原。

顺着壶口瀑布湍急的流水，伴着"隆隆"的轰鸣，我们抵达西安。秦始皇兵马俑博物馆中，最先映入眼帘的是众多的武士俑，这些武士俑神态各异，有的昂然远望，神色坚毅，似乎对秦国统一天下充满了信心；有的侧目而视，好像对以卵击石的敌人充满了蔑视；有的凝神远望，好像在寻找敌阵的破绽。一肌一容，仿佛都在显示着秦始皇的赫赫雄威，他希望自己的功绩随他共赴黄泉，于是好大喜功地建立了陵墓，虽然在现在看来，陶俑们的历史价值的确不可估量。

西安曾经是十三朝古都，所以出土了难以计数的文物，而它们都保存在陕西历史博物馆。西汉时期汉武帝设置西域都护府、开辟丝绸之路，在国家稳定安康之后，率先打开了民族间贸易和文化交流的大门。历朝历代中，使我感触最深的是唐朝，不仅因为它有异彩纷呈的诗句和自由开放的社会风气，更是因为它所存在的时代是极其繁荣的，是将"中华文化"四字传遍世界各地的时代。唐朝具有谦虚的性格，它把浓郁的域外风格和传统的东方审美结合，让每一件大唐珍宝都传达出大气兼容的盛唐气象。在唐朝文物展览中，第一个抓住我眼球的是彩绘双环髻女舞俑。"小垂手后柳无力，斜曳裾时云欲生"，这是雕刻家对她飞舞游移时静止的一瞬间的虔诚神态的刻画，突出运用以形写神的手法。此女舞俑跳的舞，大量吸收了少数民族和外国乐舞的成分，并与汉族乐舞融为一体。女舞俑飘逸流畅的气势带领我的思绪飞回唐朝，仿佛我也在与她一同有节奏感地舞动着。

此次游学，重点在学，"把课堂搬到了外面"，我确实收获到许多。古人云"读万卷书，行万里路"，如果仅仅是在课堂中学习是万万不够的，我们需要走出家、学校所框出的一片小天地，在更加广大的世界中徜徉。"青春向党，奋斗强国"，爱国的情怀从来不是形式化或者功利的，它是深深地融入中国人骨血中的。

壶口瀑布，激起千帆争渡

高一（7）班　徐佳音

未至壶口，却已先闻那如山崩地裂似的轰鸣声。

黄河水从远方铺天压地、浩浩荡荡而来，像是从三千尺之上的晴空上挟雷裹电的苍黄色巨龙，汹涌着、咆哮着，似有排山倒海之势，大有翻江倒海之勇；又像是从阿鼻地狱冲破幽明之界的千万亡魂，裹挟着来自九曲之下的怨气，向世人怒吼那不为人知的冤屈。

　　绵延千里的河床中的滔滔江水，在这里骤然涌入不过二三十米的"壶口"，壮观的瀑布于此倾注。而这股似万马奔腾之势的力量，就在壶口这道天堑处前赴后继，激浪滔天。

　　排排白浪从天边一线踏着黄沙而来，翻滚不断，在鸿沟处一跃而起，落入深渊，惊起震耳欲聋的霹雳惊雷！站在尚有数十米开外的河岸处，却感觉似有千军万马、带着踏平山海的气势，呼啸直扑，势不可挡。

　　零星的浪击碎在两岸的沟壑中，滔滔不绝，不断向上蒸腾。晨空的蔚蓝变成了混沌的白茫，水汽凝成的云在混沌中翻涌、奔腾，所过之处留下大团大团的雾浪滚落，融进天地之间，忽而没了踪迹。

　　远处的山，近处的人，似乎都被染上了雾的颜色，变得缥缈，变得轻盈起来，漂浮着，在滚滚黄河奔腾中共赴一场未至的约。

　　时间与空间的距离在这里似乎被缩短，俄而是天幕下的巴颜喀拉银峰白雪皑皑，刹那又是山麓旁的千里澄江似练，骤然又是瀑布间的浊浪排空、乘风破浪。

　　这一路，大自然的两种力量彼此交锋，河岸规束着汹涌的江潮，任凭它横冲直撞，青山依旧；可也正是这来自雪山的汩汩细流，它们在中原大地上叫嚣着自由、喧腾着新生，毫不留情地在石壁上留下道道沟壑，哪怕前路未知，也从未停下步履。

从玻璃样冰川走来，这一路怪石嶙峋、危峰兀立，也有一程是黄土高原、尘沙蔽日。在它的必经之路上，这看似无形亦无色的冰川水，用它纯粹而虔诚的身躯裹挟着粒粒沙晶，一厘一厘地冲刷着大自然的鬼斧神工，看似以卵击石，实则充满力量。滔滔河水一路席卷着、咆哮着，最后从千里河床排山倒海似的灌入壶口，形成了这惊为天人的壶口瀑布。

"君不见黄河之水天上来，奔流到海不复回。"看，这是叱咤风云的豪气，亦是以逆炼心的气魄。黄河水从逆境而来，又将向逆境而去的凌云壮志，激起了多少如我们一般莘莘学子的豪情，震撼了无数慕名而来的中华儿女的心灵！

壶口瀑布的黄河水震天撼地，而如黄河水一般迎难而上的中国人屹立不倒。古有王昌龄身穿金甲，不破楼兰终不还之壮志，今有汪国真"壶口瀑布，激起千帆争渡"之豪情。"花繁柳密处，拨得开，才是手段；风狂雨急时，立得定，方见脚根。"《小窗幽记》如是说。纵然"花自飘零水自流"的处世之道分外舒适，但如此余生就只剩下平淡如水，顺风漂流，终归过于平淡乏味，而又有谁能甘于这样寻常地度过一生。不如将逆境看作一场场不可缺少的洗礼，如此方为人生之上策。

那荡气回肠而又奔流不息的黄河水，慷慨激昂而又势不可挡。而壶口瀑布，更是整条黄河精神的集萃。身临其境，汹涌的江水让人心胸澎湃，更让人心生壮志凌云的气魄。如今的我们站在千百年前历代圣人所立之地，眼中尽览千万年前的壮美景观。黄河浊浪排空，催发千帆争渡，我辈必当誓立潮头，俯瞰山河。

西行随想

高一（7）班　李赫伊

"三秦陕西，黄炎故里。"陕西如一座跪射俑，屹立在黄河沿岸，八百里秦川尽收眼底，三千年往事都在心头。这座历史名城既见证了历史的兴衰，也孕育了民族的复兴。它以悠久的历史渊源和深厚的文化内涵吸引了无数华夏儿女前去拜访。孟夏之日，万物并秀，在这美好时节，我们背上行囊，满怀憧憬地开启了这不同寻常的西行之旅。

"几回回梦里回延安"，一首《回延安》让我们对延安无限神往。延安，中国革命的圣地，谱写着中华民族发展史上辉煌而壮丽的篇章，当年枣园的点点灯光，为何最终能照亮神州大地？怀着缅怀之情、探索之心，我们走近延安。仰看宝塔山，近观延河水，我们看到了枣园窑洞简朴的陈设、南泥湾开荒的镢头、纪念馆里的文物史迹、烈士陵园中的英雄纪念碑。我们在纪念碑下祭奠先烈，沿着台阶一级级走近纪念碑，我的脚步越发沉重，心情也越发沉痛。在那默哀的时间里，天空仿佛变得灰暗，时间也放慢了流逝的脚步，我们将最崇高的敬意献给革命先烈，也更加坚定了自己的人生理想——秉承先烈遗志，继承延安精神，不忘初心，执着前行！

离开延安，我们驱车前往壶口瀑布，感受"黄河之水天上来"的壮观景象和"为抗战发出怒吼"的黄河精神。踏入景区，远远望去，悬崖险峻，怪石嶙峋。突然，水声轰然而至，如闷雷从天际滚滚而来，黄河水如万千脱缰的野马呼啸而过，一泻而下，伴随着蒙蒙的水雾，棕黄色的河水变成一朵朵白色浪花。这就是我们的母亲河，她不仅用源源不断的水流滋养着沿岸的华夏儿女，以兼容并包的胸怀孕育着五千年的华夏文明，还以她汹涌澎湃的气势和拔山超海的力量保卫着我们的家园。我们全体同学在壶口瀑布旁整齐列队，齐声唱响《黄河大合唱》。"风在吼，马在叫，黄河在咆哮……"饱满嘹亮的歌声将气氛推向了高潮，同学们用自己的歌声唱出了对祖国大好河山的自豪感和对自然的敬畏之心。尽管已离壶口千里之遥，但那熟悉的旋律还常常在我耳边回响，这段特别的记忆也将永远留存在我的心中。

游学活动的最后一程，我们来到了古城西安，这个古老而又年轻的城市，充满着神奇和活力。登上威严厚重的古城墙，我们以居高临下之势领略这座十三朝古都的风采。那一块块带着"水印"的砖瓦，在用它们的身躯为我们讲述历史，与它们的每一次接触都像是在与古人进行精神的对话、灵魂的碰撞。尽管如今的西安已高楼耸立，但在城墙上俯瞰，我们仍然能看到古长安街道的影子，就如白居易所说的"百千家似围棋局，十二街如种菜畦"，一条条笔直的街道共同织成了灯火阑珊的长安城。站在城墙边，或抬头远望，或闭目怀想，便觉自己拥有了"运筹帷幄之中，决胜千里之外"的气魄，对脚下这片土地的过去和未来有着无限的幻想。

西行归来的火车上，我看着窗外感触颇多，"读万卷书，行万里路"，这次西行，所见的是祖国的大好河山，感受的是五千年历史的兴衰，见证的是近百年的巨大变迁。中华民族在这片土地上生生不息，虽屡遭磨难、饱经忧患，却一次次崛起、一次次振兴。在中国的历史长卷中，有着无数为民族振兴而不懈奋斗的志士仁人，他们用自己的行动诠释了博大精深的民族精神。作为新一代中国青年，回望历史，着眼未来，应不负前贤之努力，继往开来，中华民族的伟大复兴将由我们来共同铸就！宝塔山依然昂首矗立、黄河水依然奔腾流淌、古城墙依然固若金汤，中华民族必将永远屹立于东方。

虽然本次游学已经结束，其中有很多的遗憾和不舍，但我们此行获得的珍贵记忆和革命精神将永远延续下去，成为我们继续前行的不懈动力。

陕西，期待与你再会！

◣ 后 记 ◢

高层次的德育课程一定是需要设计的，需要激发的

高层次的情感体验是需要设计的，在活动中，让学生感受到、聆听到、触摸到，产生由内而外的、触及灵魂深处的思想，产生内在的驱动力，产生一种信念、一种信仰，并且这种信念和信仰可以持续终生，是德育课程的高境界。

2021年是中国共产党建党一百周年，以此为教育契机，四中进行红色游学活动课程建设。对青少年来说，游学是提升自我、锻炼品质、锤炼意志的过程。高一年级组制定了"仰望星空、脚踏实地、以人育人、以终为始"的目标，利用高考周的时间组织了江西、贵州、甘肃、陕西四条红色游学线路，全年级的同学参加了"青春向党，奋斗强国"重走长征路的活动。活动结束后，游学视频被"学习强国"使用并向全国推荐。下面从四个方面对此次红色游学活动进行评价。

一、对课程的评价

这四条线路，从时间安排、内容设置、产生效果来看，

是合理的、恰当的。以贵州线为例，四中的科技实验班八、九、十班在火车上有二十九个小时的路程，一方面是为了中间不换车直达遵义，另一方面是给同学们充足的时间在火车上进行资料查阅，深度准备游学。火车上，我们认识到娄山关大捷是红军从遵义会议后，或者说是从长征以来的第一次胜利，共同决定在娄山关的西风台上唱起《娄山关》，歌曲难度很大，从少数几个学生开始学唱，到这些同学教唱，在火车上留下了一路的歌声。到达后，第一个活动是遵义会议会址的参观、红军山上敬献花篮，学生全程是肃穆的、敬仰的神态；第二个活动是娄山关的参观、唱歌和微党课。前两天是红色之旅，是对革命先烈的致敬。第三天是到黄果树瀑布观看自然景观，欣赏大自然的鬼斧神工。第四天和第五天到平塘小镇探索太空的奥秘和天眼的建设，向以南仁东为代表的当代科技工作者致敬。全程的核心词是"求索"和"致敬"，完全贴合我们的教育目标。

二、对教师的评价

教师作为课程的实施者，具有举足轻重的地位，一方面，作为课程的主导者，引导学生自主地查阅文献，去观察和思考，去提问和探究。另一方面，身先士卒，带着学生们去融入式学习，像重走长征路的徒步，像对天眼的攀登，像对贵州当地风土人情的交流，只有教师扑下身子，和学生、和情景融为一体，才能达到教育效果。事实也是如此，学生对长征的了解、对黄果树瀑布成因的了解、对中国天文工作者的追求有了不一样的理解。

三、对学生的评价

（一）社会人士对学生的评价

去时的火车上，列车员说："车厢特别干净，谢谢你们！"游学过程中，司机师傅对四中学生提出了表扬，提到四中学生卫生意识很强，不会把车辆弄得很脏，这让他们在每天进行车辆卫生打扫时轻松了很多；在井冈山博物馆前进行合唱与舞蹈表演时，当地游客高度赞扬四中学生，并说道："四中最棒！"在西风台列队唱歌时，很多游客给我们拍照，经常闯入我们的镜头，他们会问："是北京的四中吗？四中真棒！"在西风台上讲微党课时，同学们专心致志，只有讲课王老师稍显沙哑的声音，当时游客也没有发出声音，唯恐打破这美好的画面。

我们徒步行军时，旁边的老乡一直拿着手机给我们录像，偶尔经过的大巴车上的游客还有工作人员兴奋地冲我们挥手，给我们鼓劲！我们是静默区里唯一徒步到第一道岗亭的队伍。

（二）教师对学生的评价

1.看到了学生勇于承担任务，团结合作；看到了学生利用点点滴滴努力学习；看到了学生自我管理能力不断提升；看到了学生面对困难、迎难而上的战斗精神。

在北京西站候车时，老师看到了孙浦源和王茜蕾两位同学在没有任何提醒的情况下，充分利用时间，自发认真阅读书籍。看到了同学们为了测定列车的加速度，能静心拍摄一个多小时的实验数据……

陕西线的《黄河大合唱》仅仅合练了不到三十分钟就一次拍摄成功；贵州线的《娄山关》从开始学唱、教唱，共合练了两次，每次十分钟左右，实际拍摄效果良好。

2. 看到了学生深刻思考、探索求真的行为。

八班同学的感悟代表了同学们的心声：平时，我们在课本里读到过关于红军是一支充满活力的队伍的描述，但是，这些终究只是书本上的文字。而在纪念馆里，我看到了红军战士用不成熟的笔体写下的鼓励标语，十分动人。虽然有些字迹歪歪扭扭，但是给人的感觉更加真实。同样，我们也读到过关于军民情谊深厚的描述。在博物馆中，我看到了红军战士赠予当地百姓的一些器物，有些甚至是非常破旧的陶盆。然而正是这样的小物件，能够跨越历史，带给人更加生动真实的感受。我想这就是为什么我们需要博物馆，需要用实物这样的细节来还原历史，它们能够给人带来更深的震动。

（三）家长对学生的评价

十班宋子安家长：

在贵州的几天行程中，每天问孩子的感受是什么，她告诉我的就是一个字：累。对于把走路上学都认为是很累的孩子来说，每天的徒步就是对她心理和身体的挑战了。给孩子留下最深印象的徒步是去 FAST 的路上，当叶老师宣布要徒步走 FAST 外围时，孩子便很想跟老师请假放弃，但在同学的鼓励下，她最终还是开始了漫长的徒步。接下来叶老师鼓励孩子们再徒步四公里，再往前走一点……在不知不觉中孩子们到达了目的地 FAST，全长近二十公里，没有一个孩子掉队。孩子回来跟我说，她都不敢相信自己能走完而且后来没有发烧等不良反应，叶老师真的牛啊！作为家长，我也佩服叶老师的用心设计，从心里感受到了什么是做一名"四中人"，就是要为国家培养出坚强有毅力的人。

八班王遇家长：

还记得，6月6日清晨时分，孩子拉着行李箱，迈着坚定的步伐走进四中的校门。孩子的身影渐行渐远，我默默地问自己：孩子要单飞去参加学校组织的为期一周的贵州游学之旅，她会喜欢这次游学吗？

一周悄然而逝。6月12日早上在学校门口接上孩子，仔细端详，嗯，是晒黑了一点，但显得更结实了。一路上，孩子十分精神，滔滔不绝地讲了快一个小时，讲话的声音比平时提高了一个八度，我只能做个听众。听孩子兴奋地讲遵义会议，讲娄山关，介绍黄果树，还有天眼，包括回程的动卧，也是她"炫耀"的资本。我知道了，孩子这次游学很开心。

　　早在出发前，孩子听说去贵州的游学需要坐二十九个小时的火车，跟我抱怨，会不会太无聊。但后来听说，在火车上，同学们或一齐朗诵《忆秦娥·娄山关》，或一起背数学公式，或欣赏窗外的美景。有这琅琅读书声，有老师和同学的陪伴，火车上的时光过得很快乐。毕竟，独乐乐，不如众乐乐。

　　听孩子说，随行老师为了同学的安全，一遍一遍提醒孩子戴好口罩；在景点，老师嘱咐孩子不要买冰棍，怕吃了拉肚子。这次旅行中没有一位同学生病，没有一位同学掉队。

　　孩子还说，有一位细心的同学怕老师着凉，给火车上因疲惫而睡着的叶老师轻轻地盖上自己的校服；班里的同学让上一顿饭没有夹到其中一道菜的同学每次先夹菜；在行程的最后，同学们还给6月份过生日的老师和同学订了蛋糕过集体生日，有一个蛋糕上还有四中校徽的图案，太用心了！

　　这次贵州红色之旅归来，孩子觉得自己思想上成熟了不少，她认为自己进行了一次遇见更好的自己的旅行——加深了自己对历史的理解，感慨祖国的繁荣富强，深入思考人与自然的关系，也更爱自己的老师和同学们！我相信，这次贵州之旅一定会成为孩子成长道路上难忘的一课！

四、发展性评价

本次红色游学，真正让我吃惊的是学生人生观、世界观的改变，看到了他们由原来的发牢骚、说怪话、甩责任，到现在能够包容、积极融入、扑下身子真抓实干。

如个别学生对遵义、娄山关重复讲解的地方发牢骚，立即就有同学反驳：有些时候我们会感觉讲解的内容大同小异，甚至有些是原文复述，但是，当你觉得你都明白的时候，"我都能讲"的时候，尝试着跟别人讲一讲，你会发现你并不能百分百地复述。我们的学习也是这样，有的时候听一次觉得自己懂了，听两次就开始烦，但是当你试着给别人讲一讲时，就会发现，有的时候自己掌握的真的是九牛一毛。而有些知识，仅听一次是不足以记住的，就如遵义会议及遵义会议之前的三次会议的顺序一样，你第一次听可能只听个大概，第二次听就可以把它都记住了。所以，当你认为讲解内容重复的时候，耐下心去听一听吧，你会有更多收获的。（王遇）

还有，在闭营式结束后的第一天晚上，我收到了这样一则信息：

时隔两年，再一次发朋友圈。再次打开编辑界面，陌生又熟悉，仔细想来，甚至连中考这样的大事情都错过了……但这次，我不愿再隐藏自己的情感，而是选择表达出来。有什么不对的地方，请大家指出，也请大家多多包涵。

今晚游学活动的总结会是精彩而又很有意义的，里面包含了七天来我们在一起生活的一点一滴，也指明了我们今后前进的正确方向。尽管大会开到了惊人的三个小时，但我还是很享受这一环节，甚至还陶醉其中，忘记了时间。

可是，完美当中稍显不足……

天眼工程可以说是当代我国最伟大的工程之一，称得上是为全人类作出重要贡献的一大重要工程。而在工程背后，离不开一个重要人物——南仁东。在很早的时候他就已成为我心中的偶像，指引我努力前进的方向……总而言之，在听到总结会上要用特别手段再现南爷爷的时候，我是无比激动的。

然而，在今天的表演当中，我并没有看出南爷爷的执着与伟大，反而是演员对南爷爷沙哑的声音进行了过度演绎。南爷爷沙哑的声音是因声带受损而导致的，相信各位演员同学一定比我更了解，但是我们如此表演确实有些不太妥当。也许是我对于大家的要求过高，也可能是我不太能接受这种表现形式，在看完演出之后，我很难受，一种说不出来的悲伤与无奈涌上心头。

可能演员想要尽力表现出南爷爷因劳累所导致的声音，但是台下的同学们竟因此而发笑。我不明白为什么，也很惶恐，因为这与我初成的世界观发生了激烈的碰撞。看了同学们的各种表现，我很难受，也很无奈。换位思考，如果南爷爷是你的爷爷，在为祖国贡献出自己的一切后离开了世界，你还会是今天这种表现吗？

以上是学生发给我个人的，他并没有选择发在朋友圈里，我问他为什么时，他说同学们发笑不是因为不尊重南仁东老先生，而可能是台上演员表演的问题。

当时我的内心是激动的，眼睛是湿润的，这就是我们的孩子，游学回来的孩子，看问题全面了一些，理性了一些。我表扬了他，但也明确表示，这种发笑是不对的，在某个场合我们要严肃讨论这件事情。

综上所述，我认为我们的游学超出预期地完成了我们的目标。也因此而感悟，立德树人的途径是需要设计的，如徒步、仪式、集体行动，在这样的过程中重视对学生学习潜能的评价，立足于促进学生的学习和充分发展，为"适合学生的教育"创造有利的支撑环境。

2023 届年级组长　叶长军